KNAUR
BALANCE

TALA MOHAJERI

# WEISE, WILD UND WEIBLICH

## Erwecke die Göttin in dir

KNAUR BALANCE

Die in diesem Buch vorgestellten Rituale und Methoden wurden von der Autorin und dem Verlag sorgfältig geprüft und haben sich in der Praxis bewährt. Da jeder Mensch für sich besonders ist, können wir allerdings Ergebnisse nicht garantieren. Der Verlag und die Autorin schließen jegliche Haftung für Gesundheits- und Personenschäden aus. Die geschilderten Erfahrungen spiegeln die persönliche Meinung und Wahrnehmung der Autorin wider.

Zur Ansprache der Lesenden:
Dieses Buch richtet sich vornehmlich an Frauen und Menschen, die sich als solche verstehen und gelesen werden wollen. Ich gehe im Verlauf des Buches jedoch »organisch« mit den entsprechenden Wörtern um, wie sie in den Zusammenhang passen, und gendere dadurch nicht durchgängig korrekt.

**Besuchen Sie uns im Internet:**
**www.knaur-balance.de**

MIX
Papier | Fördert gute Waldnutzung
FSC® C083411

Originalausgabe Oktober 2024

Ein Imprint der Verlagsgruppe
Droemer Knaur GmbH & Co. KG
Maria-Luiko-Straße 54, 80636 München

Agentur Tala Mohajeri: Käfferlein & Köhne GmbH & Co. KG
talamohajeri@web.de
Redaktion: Nina Schnackenbeck
Covergestaltung: Verena Metz | veridesigned
Coverabbildung: Verena Metz Illustration
Abbildungen im Innenteil: dieKLEINERT.de / Nina Rode
Satz und Layout: Adobe InDesign im Verlag
Druck und Bindung: CPI books GmbH, Leck
ISBN 978-3-426-67630-1

Kontaktadresse nach EU-Produktsicherheitsverordnung:
produktsicherheit@droemer-knaur.de

2 4 6 5 3

*Für meine Schwester Kaabeh Mohajeri.*
*Dein Name bedeutet »das Haus Gottes«.*
*Und immer wieder öffnet mir*
*die großherzigste Göttin die Tür.*

**Die Göttin in dir**

Sie ist schamlos.
Sie ist eigenmächtig.
Sie macht sich nichts vor.
Sie ist großherzig.
Sie ist schön.
Sie lebt ihre Lust.
Sie verschenkt sich nicht.
Sie kennt die Quelle ihrer Kraft.
Sie nimmt sich, was sie braucht.
Sie ist vertraut mit der Polarität.
Sie dient dem Kreislauf
des Lebens.
Sie verrät nicht
all ihre Geheimnisse.

# INHALT

# EINFÜHLUNG

Die Jahreszeit, in der du geboren wurdest, wird dir immer zu eigen sein. Dieser Tatsache verdanke ich viel. Ich wurde geboren an einem heißen Sommertag umgeben von Bergen. Es war die Zeit um Mittsommer, die längsten und sehr heißen Tage des Jahres. Jedoch auch die langsame Wende der lichten Jahreszeit in die Dunkelheit.

Im Land meiner Geburt herrschte Krieg. Mein Vater war voller Sorgen. Im Herzen war er ein Freiheitskämpfer. Die Tatsache, dass eine weitere Tochter in einer Welt voller Ungewissheit aufwachsen sollte, missfiel ihm. Zur Überraschung meiner Familie war ich ein helles Kind, golden, nicht so »typisch« persisch dunkel, und darum taufte mein Vater mich auf den Namen *Tala,* was »Gold« auf Farsi bedeutet. Der Gedanke an etwas Leuchtendes am Tag meiner Geburt ist eines der wenigen Bilder meiner Kindheit, die mir Kraft schenken.

Wenn du mich nach meiner Kindheit fragst, dann kann ich nur sagen: Ich bin stetig mit dem Abstand der Sonne zur Erde in die Dunkelheit gewandert. Wie Persephone und Inanna ist mir die Unterwelt vertraut. Sie klebt an mir. Unvergessen. Wie Millionen von Menschen vor Krieg und Folter flüchten, floh meine Mutter mit meiner älteren Schwester und mir nach Deutschland. Meinem Vater waren der Kampf für Freiheit und Loyalität zu seinem Land wichtiger als sein Leben, und die Antwort des Regimes darauf war seine Hinrichtung. Fast vierzig Jahre später rufen ausgerechnet die Frauen seines Landes: »Frauen, Leben, Freiheit!« Etwas, das ihn mit Freude erfüllt hätte – davon bin ich überzeugt.

Meine Mutter ist bis heute schwer traumatisiert durch die Flucht, was zur Folge hatte, dass sie als Mutter schlicht nicht anwesend war. Meine Ersatzmutter wurde somit die Erdmutter selbst.

Es ist Gaia, der ich mein Leben zu verdanken habe. Sie war mir Schutzpatronin an Tagen, an denen ich als Kind unter Menschen und in meiner Familie keine Heimat fand. Bei ihr konnte ich auf der Erde liegen und ausatmen. Ich habe sehr viele Jahre meines jungen Lebens in der Unterwelt ums Überleben gekämpft. Mehr als einmal bin ich Kali begegnet, habe ihre Lehren verstanden und voller Demut angenommen. Wenn ich von der Urkraft der Göttinnen schreibe, dann, weil sie mehr sind für mich als kraftvolle Mythen. Ich fühle ihre Kräfte und kenne ihre Wirkungen.

Ich glaube an das Göttliche in allen Wesen. Wer, wie ich, so vertraut ist mit dem Schatten menschlichen Wirkens, weiß auch um das Rettende, die guten Kräfte in der Welt. Als Kind habe ich von der Natur und der Anderswelt gelernt. Meine Resilienz verdanke ich diesen Kräften, die sich niemals durch Wissen erfassen lassen, sondern nur durch Fühlen und Erleben verinnerlicht werden können.

Es sind die Geschichten, die der Wind erzählt oder die Wurzel eines Baumes, die mich Gemeinschaftssinn gelehrt haben. Die Natur ist mein Guru. Solange ich lebe, wird sie mich mit ihren Weisheiten belehren.

Gaia hat Platz für alle ihre Kinder. Die Mythen lehren uns: Trotz Verletzungen kann in uns etwas kraftvoll Lebendiges heranwachsen. Versehrtheit und Heilung schließen sich nicht aus. In einer sich stetig wandelnden Welt brauchen wir heilsame Geschichten, Mythen und Rituale, um uns wieder daran zu erinnern, wer wie sind, wofür wir in diesem kostbaren Leben angetreten sind und welche Spuren wir darin hinterlassen wollen. Wir wollen verstehen, welche Heldinnenreisen wir erleben und wie das Abenteuer des Lebens uns formt.

Ich teile meine Geschichte mit Tausenden von Frauen auf dieser Welt. Dies ist einer von vielen Gründen, warum ich mein Leben den alten Heilkünsten gewidmet habe. Ich möchte Frauen Mut machen. Seit zwanzig Jahren beschäftige ich mich mit psychologischem und mythologischem Frauenwissen. Im Schamanismus und in der Wicca-Bewegung ist Storytelling, also das Erzählen von Geschichten und Mythologien, ein wichtiger Grundbaustein der Heilarbeit. Die uralten Mythen und Geschichten beinhalten eine Weisheit und Kraft, die unserer Zivilisation verloren gegangen ist.

Ich möchte das »alte Wissen« der modernen Denkweise zugänglich und erfahrbar machen. In den Mythen werden Wege für innerseelische Wachstums- und Reifungsprozesse angeboten, die auch für uns heute noch wirksam sind und uns heilen können, denn unser Menschsein ist in seinem Kern kaum verändert.

Die zwölf Göttinnen in diesem Buch begleiten mich schon viele Jahre, sie sind meine persönlichen Lieblingsgöttinnen. Jede von ihnen förderte einen anderen Aspekt meiner eigenen inneren Heilung. Ich bin diesen Göttinnen durch viele schamanische Reisen, Medizinwanderungen, Schwitzhüttenzeremonien und Rituale zu den Jahreskreisfesten begegnet. Ihre Stimmen offenbaren sich mir durch Symbole in der Natur oder durch Channeling. Channeling ist für mich ein

Prozess, in dem ich mich in tiefer Versenkung oder durch meditativen Tanz frei von Gedanken als Kanal zur Verfügung stelle und Botschaften erhalte. So wie ich den Wind, die Bäume, die Tiere oder eine gute Freundin um Rat frage, genauso kommuniziere ich mit den Göttinnen und Göttern dieses Universums. Ich gebe mein Wissen so weiter, wie ich die Stimmen der Göttinnen vernehme, darum steht die kulturhistorische Bedeutung der Mythen für mich nicht im Vordergrund.

Die zwölf hier vorgestellten Göttinnen stammen aus der europäischen und asiatischen Mythologie. Sie alle haben charakteristische Eigenschaften, die seit Jahrtausenden verehrt werden. Diese Göttinnen haben die Kultur ihrer Länder geprägt und wurden seither um Rat gefragt. Ihre Eigenschaften geben dem Leben von innen heraus eine Richtung. Göttinnen sind mit außergewöhnlichen Fähigkeiten begabt, die sich als Talent verstehen lassen. Eine Göttin wirkt durch ihr Sein.

Man muss nicht an Göttinnen glauben, um mit ihnen in Verbindung zu kommen. Man kann Göttinnen auch als Archetypen des Lebens verstehen und sie als solche betrachten. Ein Archetyp ist nicht beschreibbar, aber seine Wirkung manifestiert sich in unserem Unterbewusstsein in Form von Bildern und Ideen. Archetypen sind universelle, kollektive Muster oder Motive, die aus dem kollektiven Unbewussten auftauchen. Sie sind die Essenz aller Religionen, Mythologien, Legenden und Märchen. Archetypen sind somit innere Bilder, die universelle Eigenschaften und Erfahrungen verkörpern. Sie machen sich hauptsächlich in Träumen und Visionen bemerkbar. Beispiele für Archetypen sind der Krieger, die Göttin, die weise Alte, der Schatten, die Mutter, die Königin und noch viele andere.

Göttinnen, die den weiblichen Charakter verkörpern, bieten uns somit eine reiche und faszinierende Möglichkeit, Zugang zu den persönlichen Lebensthemen zu bekommen.

Die Göttinnen waren keine Heiligen, selbst die Schöpfungsgöttinnen nicht! Alle Göttinnen hatten zutiefst menschliche Eigenschaften. Sie unterstanden wie die Menschen dem Schicksal, hatten mit alltäglichen Problemen zu kämpfen und lebten ihre Schwächen aus. Von den Menschen unterschied sie lediglich, dass sie unsterblich waren. Dennoch waren sie nicht allmächtig. Ihnen wurden nicht nur eine menschliche Gestalt, sondern vor allem menschliche Eigenschaften und Verhaltensweisen zugeschrieben: Sie waren liebend, zornig, mütterlich, kämpferisch, kreativ und leidenschaftlich. Dennoch waren sie Göttinnen. Sie lebten ein Ideal, deswegen waren sie göttlich.

Wir können uns an das Prinzip ihrer Kraft anlehnen. Wir müssen ihre Kräfte aber nicht vollkommen verkörpern. Das würde nur in Stress ausarten – und das wollen wir nicht!

**Die Zeitlosigkeit der Göttinnen**

Ich schreibe über die Göttinnen sowohl in der Vergangenheit als auch in der Gegenwart. Die Mythen der Göttinnen sind zwar historisch verwurzelt, aber gleichzeitig zeitlos und relevant für die Gegenwart. Einige Menschen glauben an die Göttinnen, weil sie früher einmal mächtig waren, während andere den Glauben an die Göttinnen als etwas Aktuelles und Zeitloses empfinden. Diese Vielschichtigkeit und Bedeutung der Göttinnen auf verschiedenen Zeitebenen erlaubt mir, zwischen Vergangenheit und Gegenwart zu wechseln.

In diesem Buch lernst du, dich mit den verschiedenen Energien einzelner Göttinnen zu verbinden. Durch die Rituale und Meditationen förderst du deinen eigenen Heilungsweg. Ich möchte besonders Frauen dazu motivieren, ihren eigenen Weg in ihre Spiritualität zu gehen. In unser aller Wesenskern ist Spiritualität als Samen angelegt. Ich möchte dir zeigen, wie du dich durch einfache Naturrituale mit deiner eigenen Spiritualität verbinden und dadurch immer mehr in deine Kraft kommen kannst. Viele Menschen wissen nicht mehr, wie sie wieder in Kontakt mit der Urquelle des Seins, der Kraft, dem »Universum« und dem »Göttlichen« kommen können. Dieses Buch soll helfen, wieder Vertrauen zu fassen. Vor allem aber soll es helfen, dem ureigenen spirituellen weiblichen Weg zu vertrauen.

# ÜBER GÖTTINNEN, WEIBLICHE SPIRITUALITÄT, HEXENKULTE UND SCHAMANISMUS

Wir Frauen wachsen mit vielen Geschichten über uns und die Welt auf. Viele dieser Geschichten beginnen mit dem Wort »zu«: zu klein, zu groß, zu dick, zu brav, zu schlau, zu angepasst, zu wild, zu wenig, zu viel, zu billig, zu anspruchsvoll, zu still, zu eigensinnig. Diese »Zu«-Geschichten gehören in eine Zu-Klapptruhe. Diese magische Truhe ist hungrig auf genau diese Zu-Wörter. Je mehr von diesen Wörtern wir sorgfältig mit viel Liebe von uns abstreifen und in die Truhe legen, umso mehr Gold häufen wir darin an und umso goldener werden wir. Je befreiter wir werden, umso reicher werden wir. Haben wir irgendwann eine Truhe voll Gold, dann wissen wir, dass es viele giftige Geschichten gab, die die Kraft hatten, uns zu vernebeln.

Der Weg zur Befreiung ist ein Heldinnenweg! Denn auf diesem Weg müssen wir anfangen, neuen, anderen und vor allem alten Geschichten, Märchen und Mythen zu lauschen. Indem wir andere Geschichten hören, weben wir neue Muster, werden zu Schöpferinnen und berauben die Zu-Wörter ihrer

Macht. Die neuen Geschichten erzählen von einer beseelten Welt, einer Welt, in der die Natur unsere Emotionen formt und unser Leib ein Spiegelbild einer blühenden Körperlandschaft ist. In diesen Geschichten gleicht das weibliche Prinzip einer Lotusblume, und unser Wert wird von Göttinnenkraft durchdrungen. Hier wird das Weibliche verehrt und respektiert.

Wörter sind mächtig, Gedankengespinste auch, darum sollten wir behutsam bedenken, welchen Geschichten wir über uns und die Welt Glauben schenken wollen. Im besten Fall verweisen diese Geschichten auf die Wahrheit. Im schlechtesten Fall führen sie uns vollkommen in die Irre und sorgen für Verletzungen.

Gute Geschichten zeichnet aus, dass unsere Neugier geweckt wird, unser Geist erwacht und die Sätze unser Innerstes berühren und bewegen. Schöpfungsmythen, Märchen und Sagen, die Menschen schon seit Jahrtausenden miteinander teilen, haben diesen Charakter. Sie fesselten nicht nur unsere Vorfahren, sondern wirken mit ihrer Aussagekraft bis in unsere modernen Zivilisationen hinein und prägen unsere Kultur. Sie erzählen von Makel, Heldentum, von Untergang und Auferstehung, von Leid, Hoffnung und Tatendrang, von unüberwindbaren Aufgaben und überraschenden Lösungen. Durch diese Form der Geschichten können wir die Psychologie des Menschseins ergründen. Für mich wirken Mythen und Geschichten wie ein genetischer Code, in dessen Verschlüsselung Schätze für das menschliche Leben verborgen sind.

Mythen handeln von existenziellen menschlichen Themen, die psychische Entwicklungen beschreiben. Sie bleiben erhalten, weil die Psyche – genau wie die Körperfunktionen – sich nicht durch Jahrtausende völlig verändert hat, sondern ihre inneren, tiefen Entwicklungsthemen noch die gleichen sind wie in der früheren Zeit, nur die äußeren

Erscheinungsformen haben sich gewandelt. Die Magie der Mythen ist somit zeitlos.

Frauen, die sich spirituell entwickeln möchten, brauchen Orientierung durch andere Frauen. Darum ist es wichtig, sich an weiblichen Vorbildern zum Beispiel aus den Mythen und Sagen zu orientieren. Die Geschichten über Göttinnen können als Kompass dienen, um die Mysterien der weiblichen Identität zu ergründen.

Diese Erfahrung kann bereichernd wirken. Göttinnen sind sowohl Archetypen als auch psychische Kräfte, die uns zur Verfügung stehen, wenn wir sie in ihrer Ausdruckskraft und Weisheit anerkennen und uns innerlich zu ihnen hinwenden. Wir bekommen durch sie einen tieferen Einblick in die Geschichte und Kultur unserer Vorfahren. Neben den sehr männlich geprägten Weltreligionen (Christentum, Islam, Sufismus, Kabbala, einschließlich des Buddhismus) und Mythologien brauchen wir als Frauen weibliche Göttinnen und religiöse Figuren. Die Geschichten und Eigenschaften von Göttinnen können uns inspirieren und uns ein Gefühl von Selbstbestimmung und Eigenmacht geben. Indem wir uns mit den Erfahrungen und Herausforderungen von Göttinnen auseinandersetzen, können wir lernen, unser spirituelles Potenzial zu entfalten.

Ich war dreiundzwanzig Jahre alt, als ich mich aufmachte, neue Geschichten über das Leben zu sammeln. Während meines Studiums wuchsen die Zu-Wörter zu einem Berg heran, und ich befand mich nur noch im Tal der Tränen. Ich fühlte mich zu dumm, zu unfähig und zu undiszipliniert für ein Studium der Betriebswirtschaftslehre. Die Wahrheit war, mein Herz ertrug die Geschichten über Gewinn, Konsummaximierung sowie den Raubbau an der Erde und der Demokratie nicht.

Da Gaia mir schon als Kind eine wichtige Lehrmeisterin war, beschloss ich, ihrem Pfad zu folgen. Ich wusste, dass es jenseits der Wissenschaft und der patriarchalen Strukturen noch viele andere Wahrheiten über unsere Welt gibt. Der Pfad der Göttin führte mich in eine Heilpraktikerinnen-Schule. Diese Schule war feministisch geprägt und wurde von den Dozentinnen und Schülerinnen gleichberechtigt selbst verwaltet und organisiert. Die Welt, die sich mir dort offenbarte, prägte mein Leben. Frauen lehrten ausschließlich für Frauen. Im Vordergrund standen die Frauengesundheit, das Frauenwissen und die Frauenspiritualität. Mein Lieblingsraum war die Bibliothek. Neben Anatomiebüchern fand ich dort Werke über Matriarchatsforschung, Frauenbewegungen, Hexenkult, indigene Schriften und weltweite Göttinnen-Mythologien. Ich lernte und reifte somit am reichhaltigen Wissen von und über Frauen.

## GÖTTINNEN-BEWEGUNG

An dieser Schule kam ich das erste Mal in Berührung mit der Göttinnen-Bewegung. Eine meiner Lehrerinnen gehörte dieser Goddess-Bewegung an. Feministinnen organisierten sich in den 1960er- und 1970er-Jahren in Nordamerika, Großbritannien, Deutschland, Australien und Neuseeland in dieser Bewegung. Sie feierten alte Rituale, belebten die heidnischen Jahreskreisfeste neu und riefen dazu auf, sich mit der göttlichen, weiblichen und frauenzentrierten Spiritualität zu befassen. Die Göttinnen-Bewegung ist mittlerweile eine verbreitete Organisation des Neopaganismus und der Wicca-Bewegung. Ihre meisten Anhängerinnen finden sich heute in den USA und Großbritannien.

Paganismus kann als Neuheidentum bezeichnet werden.

Er besteht aus verschiedenen spirituellen Strömungen, die sich vorchristlichen Naturreligionen verbunden fühlen.

Je mehr ich in diese Welten eintauchte und die Geschichten ergründete, umso mehr wich der Schleier der Trauer von mir. Ich war am richtigen Ort und lernte nützliches Wissen. Ich schloss mich der Göttinnen-Bewegung an und schulte mich in der Wicca-Kunst. *Wicce* ist das angelsächsische Wort für »Hexe«. Ich ließ mich neben meiner schulmedizinischen Heilpraktikerinnen-Ausbildung von da an also auch von Hexen ausbilden. Eine Welt voller Magie offenbarte sich mir. Zauberlehrstunden bei Mondschein und der Duft von geräuchertem Beifuß begleiteten mich über Jahre. Viele Feste wurden gefeiert mit Trommeln, Rasseln und meditativem Tanz. Während der Suppenkessel über dem Feuer hing, lernte ich vieles über Heilpflanzen, Astrologie und Trancetechniken. Doch das Wichtigste waren immer noch der Kreis der Frauen, ihre kostbaren Erfahrungsschätze und die Geschichten der Göttinnen, eingebettet in den Jahreskreis.

## Die Göttin

Vertrauen wir der griechischen Schöpfungsmythologie, dann war am Anfang nur das Chaos, die unendliche Finsternis und die Liebe. Und aus diesen Kräften erzeugte sich Gaia selbst. Somit ist es nicht zu weit gegriffen, wenn ich schreibe: Die Entstehung der Welt kam aus dem weiblichen Prinzip. (Die Griechen teilten diese Ansicht nicht allein.) Viele Schöpfungsmythen gehen davon aus, dass eine weibliche Göttin die Schöpferin der Welt ist. Diese Betonung der Weiblichkeit in den Schöpfungsmythen hat verschiedene Gründe. Es könnte damit zusammenhängen, dass Frauen die Fähigkeit zur Geburt haben und somit als natürliche Quelle des

Lebens betrachtet werden. Diese biologische Realität könnte sich in den Schöpfungsmythen widerspiegeln. Das Wunder, Leben schenken und die Neugeborenen durch den eigenen Körper ernähren zu können, war für die frühen Menschen geheimnisvoll und mächtig. Die Frauen hatten durch ihre Rolle bei der Nahrungsbeschaffung und der Ausübung der Heil- und Zauberkünste eine besondere Stellung im sozialen Gefüge der früheren Gemeinschaften.

Der Glaube an eine weibliche Muttergöttin geht bis auf das Neolithikum (10 000 bis 4500 v. Chr.) zurück. Tausende von archäologischen Funden von Venusfigurinen wie der Venus von Willendorf oder der Venus von Hohenfels sind sogar noch älter (28 000 Jahre v. Chr.). Man geht davon aus, dass diese Frauenstatuetten als weibliche Fruchtbarkeitssymbole und der Verehrung der Muttergöttin dienten. Die »große Mutter«, oder auch »große Göttin« genannt, wurde als Quelle des Lebens, aber auch als Herrscherin im Reich der Toten verehrt.

In der Göttinnen-Bewegung wird die Muttergöttin als das »unaussprechliche Geheimnis« angesehen, wir können ihr Mysterium nicht in Worte fassen. Die Göttin hat unendlich viele Eigenschaften und Tausende von Namen. Sie ist die Wirklichkeit hinter vielen Metaphern. Die Göttin ist weiterhin nicht vom Menschen getrennt. Sie ist die Welt – Mond, Sonne, Erde, Sterne, Steine, Samen, Wind, Wellen, Blätter, Äste, Knospen, Reißzähne, Klauen, Frauen und Männer. In einer magischen Welt ist alles Sichtbare Ausdrucksform der einen Muttergöttin.

Die Verehrung der großen Göttin wird in der Mythologie oft mit dem dreifachen Göttinnen-Aspekt in Verbindung gebracht. Der dreifache Göttinnen-Aspekt besteht aus der weißen, roten und schwarzen Göttin. Die dreifache Göttin wird in vielen Wicca-Traditionen verehrt. Auch bei den Göttinnen hier im Buch begegnet uns dieser Aspekt immer wieder. Die dreifache Göttin symbolisiert den vollständigen Reifezyklus der Frau und der Natur. Wenn man sich mit Göttinnen aus den verschiedenen Kulturkreisen beschäftigt, dann wird man immer wieder Überschneidungen in den Beschreibungen finden, die sich zum Verwechseln ähnlich sind und verschiedene Aspekte der dreifachen Göttin darstellen.

Die dreifache Göttin verkörpert die Fülle unserer Weiblichkeit:

## Die weiße Göttin

Die weiße Göttin symbolisiert das Jungfräuliche, das heile Kind und Mädchen. Sie steht für die Aspekte der Reinheit, Unschuld, Jugend, den Neubeginn und die Euphorie, die Vision und die Tatkraft. Die jungfräuliche Göttin wird oft mit der Farbe Weiß, der Jahreszeit Frühling und dem zunehmenden Mond in Verbindung gebracht. Sie verkörpert den Anfang eines Zyklus, die Fruchtbarkeit des Bodens und die Hoffnung auf das Gedeihen. Die jungfräuliche Göttin gehört sich selbst, ist autark, unabhängig und frei.

## Die rote Göttin

Wenn die rote Kraft, das Menstruationsblut, ins Fließen kommt, dann kommt die Leben spendende Fähigkeit der Weiblichkeit ins Spiel. Dieser Reifungsprozess symbolisiert die Aspekte der Fruchtbarkeit, Sexualität, Mutterschaft, Schutz und Kraft. Die Farbe Rot steht dabei für das Menstruationsblut. Die rote Göttin wird mit der Jahreszeit Sommer und dem Vollmond in Verbindung gebracht. Sie verkörpert die Fülle des Lebens und die Vitalität der Natur während ihrer Reifungsphase bis hin zur Frucht. In einigen Mythen wird die rote Göttin auch als Hüterin der Gemeinschaft und der Familie angesehen.

### Die schwarze Göttin

Sie wird auch die »weise Göttin«, die »Alte Weise« oder »Crone« genannt. In diesem Lebensabschnitt behält sie die Fruchtbarkeit ihrer Säfte für sich, reichert sich selbst an und wird weise. Die Göttin verkörpert nun die Altersweisheit, die Ruhe, den Tod und den Neubeginn. Die Farbe Schwarz symbolisiert das Geheimnisvolle, das Unbekannte und den Übergang. Jetzt ist die Göttin unerschrocken, närrisch, kämpferisch und wieder befreit. Sie repräsentiert die letzte Phase des Lebenszyklus, die Wechseljahre und das hohe Alter. Die Jahreszeiten Herbst und Winter und der abnehmende Mond werden mit ihr assoziiert. Sie verkörpert die dunkle Seite des Lebens und den Übergang von einem Zyklus zum nächsten. In diesem Aspekt ist sie auch die Hüterin der Ahnen, der Toten und der Unterwelt. Sie verkörpert die stille Weisheit, die aus dem Tod und der Transformation hervorgeht, sowie die Fähigkeit, sich auf das Neue und Unbekannte einzulassen.

## WEIBLICHE SPIRITUALITÄT

Weibliche Spiritualität ist so alt wie die Menschheit selbst. Ihre Ausdruckskraft variiert je nach Kultur und Tradition der Frauen, die diese Spiritualität praktizieren. Frauen lernen von Frauen, Hexen, Göttinnen, Schamaninnen und christlichen Heiligen. Viele Frauen weltweit knüpfen auch an die Traditionen ihrer Großmütter und Ahninnen an, wohl wissend, dass es immer Generationen vor ihnen gab, die trotz schwerer Verluste, Flucht, Kriegen, Missbrauchs und Ablehnung das Überleben gesichert haben.

Fast allen schamanischen oder Göttinnen-Traditionen liegt zugrunde, dass sie der Spiritualität der Erinnerung dienen. Sie wollen uns daran erinnern, dass wir Menschen nur ein Teil der vielen Lebensformen auf dieser Erde sind. Wir sind verbunden und leben in Abhängigkeit mit allen Geschöpfen dieser Erde. Alles, was wir tun oder nicht tun, hat Auswirkungen auf unseren eigenen Kosmos und auch auf das Gleichgewicht aller Geschöpfe der Erde.

Die Jahreszeiten sind rhythmisch, so wie der Tag und die Nacht zyklisch sind. Unser Wohlbefinden und auch das ökologische Gleichgewicht sind eng verwoben mit den Naturgesetzen. Sterben und leben sind untrennbar miteinander verbunden, und alles Leben unterliegt diesem Gesetz.

Das Wort »Spiritualität« stammt vom lateinischen Wort *Spiritus* ab, das »Geist« oder »Hauch« bedeutet. Dieser Begriff lässt sich auch weit fassen und sagt lediglich aus: Alle Materie hat auch einen Geist, ist lebendig und beseelt. Dieser Geist wurde ihr von etwas Göttlichem eingehaucht. Somit gibt es eine sichtbare, materielle und körperliche Welt und eine unsichtbare, geistige, also transzendente Welt. In spirituellen Kreisen werden diese geistigen Welten oft auch als *Anderswelten* bezeichnet.

Eingebettet in das Wissen, dass wir verbunden sind mit dem Göttlichen und Geistigen und unser Wirken Folgen hat, dient die weibliche Spiritualität der Eigenmacht, der Bewusstseinsentwicklung und der Magie der Befreiungspsychologie. Diverse Praktiken wie Trance, Meditation, Yoga, Gebet, Naturerlebnisse, Zeremonien oder Rituale dienen der Bewusstseinserweiterung und der Befreiung von engen Denkmustern. Die Befreiungspsychologie räumt auf mit den Hierarchiestrukturen zwischen Mann und Frau, Erde und Ausbeutung, Wissenschaft und Spiritualität. Es gibt keine Trennung, es gibt kein Gefälle, es gibt eine Einheit und die Würde aller Lebewesen. Das Leben ist ein Geschenk. In der Balance zwischen weiblich und männlich wird das Leben zum Fest. Jeder Körper und alle Wesen sind heilig.

Die Intention der spirituellen Praxis ist die Verbindung zu einem höheren Selbst, einer höheren Einheit oder einer höheren Wirklichkeit. Wobei hier der Begriff »höhere Wirklichkeit« in den verschiedenen Göttinnen-Bewegungen auf unterschiedliche Weise interpretiert werden kann und soll. »Höher« drückt lediglich die Intensität der Verbindung aus.

Wenn man sich mit dem Mysterium des Lebens auseinandersetzt, dann werden wir zu suchenden und fragenden Menschen. Wer bin ich? Was ist der Sinn meiner Existenz? Was entspricht meinem Seelenkern? Wie diene ich dem lebendigen göttlichen Leib der Erde am besten? Wie nutze ich Magie für mich?

Je tiefer und öfter wir zu fragen lernen, umso besser lernen wir unseren Platz im Netz des kosmischen Gefüges kennen.

Der Weg und Ausdruck der weiblichen Spiritualität ist so vielfältig wie eine bunte Sommerblütenwiese. Wir können dann an Göttinnen glauben, oder wir erfahren eine tiefe Anbindung an die Magie und Mystik des Lebens durch Kunst, Musik, Lyrik oder/und die Natur.

Das Adjektiv »weiblich« beschränkt uns Frauen nicht auf unsere weiblich-biologischen Geschlechtsmerkmale wie die Gebärmutter oder die Eierstöcke. Wir können uns auf unser Geschlecht beziehen, müssen es jedoch nicht. Das Weibliche hat Tausende Formen und Ausdrücke! Unsere Identität lässt sich nicht in eine Form pressen und beengen. Weiblichkeit ist und bleibt komplex! Je nach Prägung und kultureller Auffassung variieren die Charakteristika, was als feminin aufgefasst werden kann.

Ich möchte an das Adjektiv »weiblich« folgende Worte anknüpfen: empfänglich ~ aufnehmend ~ wild ~ beschützend ~ dunkel ~ passiv ~ Nacht ~ Wasser ~ Erde ~ Mond ~ umhüllend ~ versorgend ~ tragend ~ nährend ~ sanft ~ anmutig ~ zart ~ kraftvoll ~ kreativ ~ schlau ~ sozial ~ gefühlvoll ~ intuitiv.

Es ließen sich noch viele Worte anknüpfen, und wir würden immer noch nicht dem gerecht werden, was weiblich ist. Geht unser Innerstes in Resonanz mit diesen Wörtern, dann fühlen wir uns weiblich, ganz gleich, wie unser biologisches Geschlecht ist. Weiblichkeit zu erfassen ist, als ob man mit bloßen Händen versuchte, einen Fisch im Wasser zu fangen.

So ähnlich muss es auch dem hinduistischen Gott Shiva in einem seiner vielen Liebeskämpfe mit der Göttin Shakti ergangen sein. Shiva versuchte, vor Shaktis Kraft und Anziehung zu entfliehen. Sie erkannte seine Absicht und nutzte ihre Gestaltungskraft und vervielfältigte sich in unzählige Formen und Gestalten. Manche waren abschreckend, dunkel und nass, andere wiederum lieb und hinreißend. Ganz gleich, wohin Shiva zu fliehen versuchte, er verblieb in Shaktis Bann, konfrontiert mit der Fülle ihrer Formen und Gesichter. Somit gab er auf, es gab kein Entfliehen vor ihr. Schlussendlich, nach vielen Versuchen, die Göttin zu meiden oder ihr Widerstand zu leisten, erkannte Shiva, dass es nur einen Weg gab, sich aus ihr zu befreien, nämlich die Hingabe und Annahme aller ihrer Formen und Kräfte, denn Shakti durchströmte alles.

Für mich ist Weiblichkeit einfach: Sie besteht darin, sich die Freiheit herauszunehmen, wandlungsfähig zu sein und

**Magie**

Magie ist Hingabe.
Magie hilft unserer Eigenmächtigkeit.
Magie ist Gestaltungskraft.
Magie verbindet.
Magie dient unserer Bestimmung.

Durch Magie gestalten wir unsere Wirklichkeit, wir formen und manifestieren alles, was wir für ein Leben in Harmonie brauchen. Magisches Wirken beginnt mit einem wachsamen Geist. Arbeiten wir magisch, dann können Worte Wurzeln schlagen, und sie bewirken Wunder. Magie bedeutet, in allem Wunder zu erblicken. Wenn wir all die Wunder um uns herum erblicken und fühlen, werden wir selbst zum Wunder werden. Magie ist nichts anderes als die Fähigkeit, mit unseren innersten göttlichen Quellen in Kontakt zu sein. Nur wenn wir das sind, dann können wir gestärkt in der Welt agieren und sicher stehen gegen die Gewalt, die uns sonst ängstlich, wütend, ohnmächtig und zum Opfer macht. Um aber frei von Angst sein zu können, braucht es innere Stabilität. Dafür müssen wir innerlich wachsen. Jede kann sich dieser magischen Kraft anschließen. Was dich darin unterstützen kann, ist der Zugang zum rituellen, weisen Frauenwissen.
Dafür muss Frau keine Hexe oder Schamanin werden. Jeder Mensch hat seine eigene intuitive und individuelle Wahrnehmung. Wir können uns herausnehmen, Rituale zu gestalten und uns mit dem Göttlichen zu verbinden.

empfänglich zu bleiben. Ein Tropfen Wasser geht auf viele Reisen, wird zu Dunst, Schnee, Hagel, Meer, und dient stets dem Leben. Empfänglich zu sein bedeutet, sich für die Magie des Lebens zu öffnen.

## HEXENKUNST UND SCHAMANISMUS

Wer sich auf den spirituellen Pfad begibt, kommt meist nicht an Lehrerinnen und Lehrern vorbei, die die Kunst der Magie verstehen. Für Menschen, die Magie praktizieren, gibt es viele Bezeichnungen: Magier, Schamane, Druide und Hexe. In der Hexenkunst und durch den Schamanismus können wir viel für unseren spirituellen Pfad lernen. Häufig werden die Wörter »Hexe« und »Schamane« gleichgesetzt. Vorweggesagt, es gibt keine einheitliche klare Definition für beide Begriffe. Sie variieren je nach kulturellem Kontext und Tradition. Mir ist es wichtig, kurz auf diese Begriffe einzugehen, da alle Rituale in diesem Buch ihren Ursprung im Schamanismus und in der Hexenkunst haben.

### Die Hexe

Ich möchte auf den Begriff der neuen, modernen Hexe eingehen und nicht auf den verfälschten Blick aus einer Zeit (Mittelalter und frühe Neuzeit), in der vermehrt Frauen als dämonische Wesen verfolgt wurden. Die Hexenverfolgung erstreckte sich über verschiedene Regionen Europas, und es war eine dunkle Periode der Geschichte, in der Menschen fälschlicherweise der Hexerei beschuldigt und grausamen Bestrafungen unterworfen wurden. Die meisten Opfer der Hexenverfolgung waren Frauen, aber auch Männer wurden beschuldigt. Die Methoden der Bestrafung variierten, und viele unschuldige Menschen wurden gefoltert und hingerichtet, oft aufgrund von Anschuldigungen, die auf abergläubischen Überzeugungen, Misstrauen, religiösen Motiven oder auf sozialen, klimatischen und politischen Spannungen basierten. Der häufigste Grund jedoch war der soziale Status des Menschen. Viele ältere und geschwächte Menschen mussten über zweihundert Jahre lang als Sündenböcke für die Befindlichkeiten und die Willkür von Adligen und Kirchenanhängern ihr Leben lassen.

Das Vermächtnis dieser Zeit ist ein sehr negatives Bild der Hexe und bildet eine kollektive Hexenwunde in der Psyche europäischer Frauen. Hier liegt ein Grund, warum viele Frauen immer noch Angst haben, mit ihrer Spiritualität und Wirkungskraft nach außen zu gehen. Das Wort »Hexe« polarisiert. Tief sitzt der Aberglaube, dass kraftvolle Frauen nichts Besseres zu tun hätten, als anderen Menschen Schaden zuzufügen.

Früher wurden Frauen oder Männer als Hexe oder Zauberer denunziert, die moderne Hexe aber wählt diese Lebensform freiwillig. Das englische Wort für Hexe, *witch,* kommt vom angelsächsischen Wortstamm *wic,* was »beugen« oder »formen« bedeutet. Hexen formen die Wirklichkeit und praktizieren Magie. Sie formen ihr Bewusstsein und die Energie.

Die Wicca-Bewegung kann als eine Art Religion betrachtet werden, die sich auf Ritualarbeit, Naturverbundenheit und alte vorchristliche, erdzentrierte Stammesreligionen Europas bezieht. Hexen glauben an Naturgottheiten. Die Verbindung zwischen heidnischem Kult und Hexenkult ist kulturhistorisch jedoch sehr schwach belegt.

Margaret Murray aber hat 1921 dazu geforscht und ist

auf lebendige Fruchtbarkeitskulte, zum Beispiel einen Erdmutter-Kult, gestoßen, der dem heutigen Wicca-Kult entspricht. In ihrem Buch *The Witch-Cult in Western Europe* (Der Hexenkult in Westeuropa) beschreibt sie diese Phänomene. Mittlerweile gibt es viele unterschiedliche Wicca-Traditionen, zum Beispiel: Blue Star Wicca, Celtsun-Wicca oder Circle Witchcraft. Jede Wicca-Bewegung betont immer wieder, dass ihre Magie einzig und allein guten Zwecken diene.

Lassen wir die Historie und Tradition weg, dann ist eine Hexe einfach eine Frau, die um die Magie aller Dinge weiß. Magie ist die Kunst, mit den Kräften der Natur zu arbeiten, um notwendige Veränderungen herbeizurufen. Magisches Wirken versteht sich als spirituelle Praxis, diese wiederum dient der Selbstfindung.

Die Erde ist den Hexen heilig. Der Kosmos ist der lebendige Leib der Göttin, die alles Sein umschließt und in uns ist. Eine Hexe ist keine Göttin, doch kann sie Kanal für das Göttliche sein. Es gibt eine heilige Präsenz in allen Lebewesen hier auf Erden. Die Elemente Feuer, Wasser, Erde und Wind dienen der Ritualarbeit, Energiearbeit, Divination und der spirituellen Heilung.

Hexen sind Heilerinnen, Kräuterkundige, Vermittlerinnen zwischen Elementarwesen, Tieren und Menschen. Sie übernehmen Verantwortung für sich selbst. Sie leben meist autark, und wenn sie um Rat gefragt werden, bieten sie ihre Hilfe an. Sie sind hellsichtig und feinfühlig. Ihre Wahrnehmung ist geschult und durchlässig. Selbsterkenntnis und Bewusstseinsschulung sind das Brot einer jeden Hexe. Das Hexenhandwerk und der Umgang mit Magie sind nichts, was man leicht lernt, es bleibt eine lebenslange Übung! Viele Hexen heutzutage bezeichnen sich selbst als »wilde Weiber«,

»Neo-Wicca« oder schlicht »moderne Hexe«. Sie gehören sich selbst, dienen den Göttinnen und wollen auf ihre individuelle Art und Weise ihre Spiritualität frei von Dogmen und Regeln leben.

## Schamanismus

Die Hexenkunst ist immer eingebettet in den Schamanismus, deswegen kann man Hexen, Magier und Druiden auch als »schamanisch arbeitende Menschen« bezeichnen. Jedes Naturritual hat seinen Ursprung im Schamanismus. Diese Tatsache sollten wir uns immer wieder vergegenwärtigen und noch bestehenden indigenen Kulturen danken, dass sie dieses Wissen, trotz Vertreibung und Verachtung ihrer Kulturen, wie einen kostbaren Schatz gehütet haben.

Die Spuren des Schamanismus gehen bis in die Altsteinzeit zurück. Kulturhistoriker bezeichnen den Schamanismus als urreligiösen Brauch. Der Schamanismus ist demnach eine Urreligion, die im Einklang mit den Gesetzen der Natur lebte und noch keine Dogmen oder Behauptungen kannte. Im Schamanismus waren die Menschen darauf angewiesen, ihre eigenen Erfahrungen zu machen und ihre Schlüsse daraus zu ziehen.

Das Wort »Schamanin/Schamane« kommt aus dem ostsibirischen Raum. Übersetzt bedeutet es: anheizen, verbrennen, mit Hitze und Feuer arbeiten. In diesem Ausdruck zeigt sich auch ein wesentliches Merkmal: Schamaninnen sind Meisterinnen der Energie und der Wandlung. Schamaninnen glauben, dass alles Leben auf der Erde nicht nur eine materielle Hülle hat, sondern auch eine energetische. Alles ist beseelt: der Stein, der Berg, die Elemente, die Tiere, Pflanzen und Menschen. Alles ist Energie, und diese Energie ist im ständigen wechselseitigen Austausch mit der Anderswelt. Sie sind somit Mediatorinnen zwischen der sichtbaren physischen Welt und der unsichtbaren spirituellen Welt. Dort begegnen sie Geistern, Göttern und höheren Wesen. Durch die Ekstase kommt die Schamanin in Kontakt mit der geistigen Welt. Dadurch erfährt sie die ursprüngliche Einheit zwischen Himmel und Erde, zwischen dem Menschlichen und dem Göttlichen. Als Mitwisserin der Schöpfung dient ihr Wirken der Besänftigung der Geister und der spirituellen Balance. Sie sind Hüterinnen des Gleichgewichts und der Harmonie aller Dinge. Sie gleichen immer Energien aus. Dort, wo zu wenig Energie ist, fügen sie etwas hinzu, und wo zu viel Energie ist, reduzieren sie diese.

Die Praktiken einer Schamanin können je nach kulturellem Kontext und individuellen Fähigkeiten vielfältig sein. Schamaninnen können Heilungszeremonien durchführen, Seelenrückholungen praktizieren, verlorene oder verletzte Seelenanteile zurückbringen, Rituale für Übergänge und Initiationen (Einweihungen) durchführen, Wahrsagung betreiben oder als spirituelle Beraterin auftreten.

Mir ist bewusst, dass diese kleine Zusammenfassung weder der Hexenkunst noch dem Schamanismus gerecht wird. Es soll dir, liebe Leserin, lediglich aufzeigen, dass wir, wenn wir uns mit Göttinnen und Ritualen beschäftigen, in eine sehr beseelte Welt eintauchen, in der es viel zu entdecken und zu erforschen gibt. Diese Welt ist sehr alt, und die Geschichten, die darin verborgen liegen, können unserer Heilung dienen.

Außerdem gibt es ein kostbares universelles Gesetz: Heilst du dich selbst und sorgst für dein inneres Gleichgewicht, dann heilt die gesamte Weltenseele automatisch mit. Ist das nicht schön? Allein dafür lohnt es sich, sich auf den Pfad der Göttinnen zu begeben. Doch es braucht einiges an MUT, denn leider ist es immer noch keine Selbstverständlichkeit, sich spirituell zu outen. Frau wird immer noch belächelt, wenn sie sagt, dass sie an Göttinnen, die Kräfte der Natur, Hexenkraft und Magie glaubt. Menschen, die das tun, würde ich gerne einen Tag mein Gehirn leihen, dann wüssten sie, wie viel Verantwortung und innere Arbeit dahinterstecken, wenn Frau als verantwortliche Heilerin arbeiten oder leben möchte. Manchmal hilft es, zurückzulächeln, wenn Frau belächelt wird, zu zwinkern, sich aufzurichten, ein wenig mit den Händen zu wirbeln und zu sagen: »Ich leide nicht an Realitätsverlust, ich genieße ihn!«

Manchmal sitze ich am Lagerfeuer, lausche dem Wind, lerne von der Schnecke und merke, wie mir der stille Dialog mit den Göttinnen so selbstverständlich vorkommt, als sei es die Norm.

Doch ich weiß, ich bin alles andere als die Norm. Als Frau mit iranischen Wurzeln, unverheiratet und ohne Kinder allein im Wald zu leben, an Zwerge, Magie und Göttinnen zu glauben und sich als Hexe zu bezeichnen, ist alles andere als die Norm. Ich bin geprägt durch zwei sehr unterschiedliche Kulturen, die deutsche und die iranische. Doch meine Liebe zur Vegetation und Fauna und zur alten historischen Kultur in Europa hat mich vollkommen in Deutschland ankommen lassen. Eine Hexe oder magisch tätig zu sein, ist nichts, was man leichtfertig ausspricht. Ich persönlich kann nur nicht anders – eine Hexe wird man nicht, man ist es von Geburt an. Das habe ich im Laufe meiner Lebensjahre verinnerlicht. Letztlich folge ich meiner Bestimmung zu heilen und für die Freiheit des Geistes zu leben, und dazu möchte ich andere Frauen auch ermutigen.

# WIE DU MIT DEM BUCH ARBEITEN KANNST

Der Aufbau aller Kapitel dieses Buches ist gleich. Du brauchst die Kapitel der Göttinnen nicht der Reihenfolge nach zu lesen. Du kannst vielmehr danach gehen, welche Göttin dich mit ihren Qualitäten anspricht.

Folgender Aufbau begleitet dich:

**Einblick in die Mythologie:** Du erhältst eine Zusammenfassung über die Göttin. Du erfährst, was über sie geschrieben und wo, wann und wie sie in der Geschichte verehrt wurde.

**Die Stimme der Göttin:** Der Glaube an die Göttinnen ist immer eine Religion der Poesie und nicht der Theologie. Hier kommen die poetischen Stimmen der Göttinnen zu Wort und bringen dich in Kontakt mit dem, was die Göttin uns mit auf den Weg geben will. Ich habe diese Stimmen alle gechannelt.

**Die Kraft der Göttin:** Du erfährst mehr darüber, warum du dich mit der Göttin verbinden solltest.

**Momentum:** Der optimale Zeitpunkt für magische Rituale, oder um in Kontakt mit den Göttinnen, die in diesem Buch vorgestellt werden, zu treten, ist immer etwas, was du selbst entscheiden solltest! Da die Göttinnen schon seit Jahrtausenden verehrt werden, stelle ich hier die Festtage vor, die zu ihren Ehren gefeiert wurden. Die Energie der einzelnen Göttinnen ist manchmal an Jahreszeiten oder an Mond- und Sonnenzyklen gebunden. Darum gibt es energetische Zeitpunkte im Kalender, die sich gut dazu eignen, mit einer bestimmten Göttinnen-Qualität in Verbindung zu gehen. Der Rhythmus der Jahreszeit macht es dir dann leichter, die Göttin zu verstehen und zu verinnerlichen.

**Altar zu Ehren der Göttin:** Die Altäre zu den Göttinnen dienen als Inspiration. Selbstverständlich sollte jeder Altar nach deiner Lust und Laune kreiert werden. Warum es sinnvoll ist, zu jeder Göttin einen eigenen Altar zu gestalten, beschreibe ich im Kapitel über den grundlegenden Aufbau von Ritualen.

**Pflanzliche Verbündete der Göttin:** Manche Göttinnen leben in einer bestimmten Pflanze, oder die Pflanze ist ihr Geschenk an uns Menschen. Indem wir uns mit diesen Pflanzen verbinden, bekommen wir auch eine Verbindung zu den Qualitäten der Göttinnen.

Bei der Göttin Hera findest du keine Pflanze, da sie mit dem Feuer in Verbindung gebracht wird. Bei Tiamat gehen wir mit dem Wasserelement in Verbindung, darum habe ich auch hier die Pflanzen weggelassen. Bei der Göttin Gaia hätte ich ungefähr 400 000 Pflanzenarten vorstellen können – alle Pflanzen, Bäume und Algen sind Gaias Verbündete, darum fehlt auch in diesem Kapitel diese Übersicht.

**Göttinnen-Ritual:** Die Göttinnen-Rituale sind ein Kernstück dieses Buches. Durch die Rituale kommst du in Kontakt mit der Göttin und kannst sie in dir erwecken. Hierbei unterstützt du deinen Heilungsweg, deine Selbstreflexion und deine Wahrnehmung.

Jedes Ritual, das ich vorstelle, ist eine Anregung und darf gerne nach deinen Bedürfnissen angepasst werden. Wenn du eine Anfängerin bist, was die Ritualarbeit betrifft, dann empfehle ich dir, das Kapitel zum grundlegenden Aufbau von Ritualen sehr sorgfältig zu lesen. Alte Häsinnen der Ritualarbeit können dieses Kapitel gerne überspringen.

Jedes vorgestellte Ritual kannst du allein oder mit einer Gruppe durchführen. Meine persönliche Erfahrung zeigt: Rituale in Gruppen haben eine stärkere Heilkraft, da der eigene Prozess bezeugt wird und wir immer voneinander lernen. Wir heilen stets am Mitgefühl unseres Gegenübers.

**Göttinnen-Meditation:** Die Meditation kannst du vor dem Ritual oder völlig unabhängig vom Ritual praktizieren. Wenn du sie vor dem Ritual praktizierst, hilft sie dir, dich auf das Ritual einzustimmen.

Nicht jede Frau hat Lust auf Ritualarbeit, darum habe ich die Meditationen so gestaltet, dass sie für sich allein stehen können.

**Mein Tipp ist:** Lies dir die Meditation erst einmal komplett durch und übe dann im Anschluss. Verzage nicht, wenn es beim ersten Versuch zu meditieren nicht sofort funktioniert. Was dir dann helfen kann, ist, die Stimme der Göttin einmal laut vorzulesen, dann bist du in ihrem Energiefeld.

**Hinweis:** Falls du die Meditationen lieber hören magst beim Praktizieren: Über den QR-Code auf Seite 253 findest du alle Meditationen auch als Audiodateien auf meiner Seite, kannst sie anhören und dich einschwingen.

# DER GRUNDLEGENDE AUFBAU VON RITUALEN

Auf den folgenden Seiten findest du Orientierung für die Ritualarbeit. Jedes Ritual hat immer einen Anfang und ein Ende, der Aufbau dazwischen ist jeweils identisch. Allerdings zeichne ich in den Ritualen durch das Buch nicht immer alle Punkte explizit und chronologisch aus. Manchmal gehen sie auch ineinander über oder fließen ineinander.

Der Aufbau:
- Intention klären
- Vorbereitung und Gestaltung des Altars zu Ehren der Göttin
- Schutzkreis ziehen
- Anrufung der jeweiligen Göttin
- Ritualhandlung
- Schutzkreis lösen
- Vertrauen in die Wirkungskraft des Rituals

Auf die einzelnen Schritte möchte ich auf den folgenden Seiten genauer eingehen.

Die Rituale in diesem Buch dienen dazu, mit der nicht alltäglichen Wirklichkeit in Kontakt zu kommen, also mit der Urkraft der Göttinnen. Diese Form von rituellen Handlungen dient dem energetischen Gleichgewicht und deiner Heilung. In der rituellen Begegnung mit der Kraft der Göttinnen können wir Veränderungen bewusst manifestieren. Diese Rituale können dir eine Stütze sein und diverse Veränderungen im Leben sichtbar machen. Anlässe wie Trauer,

Abschied, Trennung, Krankheit, Geburt, Wohnungswechsel, Hochzeit, eine neue Arbeit und der Wechsel der Jahreszeiten können im Ritual gefeiert werden. Du kannst darum bitten, dass die Göttinnen dir ihren Segen für das Neue geben. Wenn wir mit Ritualen arbeiten, verlassen wir das Reich der alltäglichen Wirklichkeit und tauchen ein in Schwellenräume, in denen wir bewusst die Übergänge mithilfe von Symbolen und bestimmten Handlungen markieren. Unsere Wildnatur kommt dabei in Berührung mit den Schöpfungskräften. Was heißt das? Die Kraft des Rituals öffnet die Tür, um mit den Göttinnen zu kommunizieren. Du wirst zum Kanal. Wir überlassen beim Ritual unscrc Wünsche und Gebete der göttlichen Führung. Wir geben vertrauensvoll die Kontrolle ab, werden zur Bittstellerin und begeben uns in die Obhut höherer Weisheiten und Kräfte.

Jedes Ritual wirkt und sollte Spaß bringen. Ernste Rituale nach minutiösen Anleitungen vermitteln Perfektionismus. Perfektionismus erstickt Magie, darum lassen wir es lieber gleich sein. Je einfacher ein Ritual ist, umso besser! Rituale dürfen wild und frei gestaltet sein, nach deinem besten Wissen und Gewissen. Je mehr Freude du an Göttinnen-Ritualen entwickelst, umso besser.

Mit etwas Übungseifer wird deine Verbindung zu den Göttinnen wachsen. Du kannst ein Ritual für dich selbst oder mit gleichgesinnten Freundinnen gestalten. Wenn du ein Ritual nur für dich gestaltest, dann ist nichts daran selbstsüchtig, schließlich verbessert es deine persönliche Welt und somit auch die Welt außerhalb deiner selbst. Jedes Ritual gibt uns Halt und Struktur, es stärkt unsere Eigenmacht und somit unsere Wirksamkeit. Gleichzeitig unterstützt jedes Ritual einen Teil des energetischen Gleichgewichtes der Weltenseele.

Rituale sollten nur praktiziert werden, um positive Veränderungen herbeizuführen, niemals negative!

### *1. Die Intention*

Wenn wir ein Ritual gestalten wollen, dann ist die erste und wichtigste Voraussetzung, zu wissen, wieso wir jetzt magisch wirken wollen. Das erste und oberste Grundprinzip beim magischen Arbeiten lautet: Kläre deine Intention! Das Wort »Intention« ist im Prinzip gleichbedeutend mit dem Wort »Absicht«.

Nicht selten habe ich erlebt, dass ein Ritual, welches Frauen ausüben, leer ist, das heißt, die Frauen folgen einer Anweisung, aber glauben nicht an das, was sie tun. Wenn uns die Verbindung und die wirkliche Absicht hinter dem Ritual fehlen, dann ist es wichtig, sich zu fragen: *Warum tue ich das jetzt, wenn ich nicht daran glaube?* In diesem Fall hilft die Kontemplation mehr als ein Ritual.

Es kommt nicht selten vor, dass eine Frau um Veränderung bittet, sie ruft die Feuerkräfte von Kali an, und wundert sich im Anschluss, dass plötzlich nichts mehr ist wie vorher. Rituale haben Kraft! Wir müssen uns bewusst machen, dass sie immer wirken! Darum ist es sehr wichtig, im Kontakt mit den Göttinnen genau zu wissen, was du willst und worum du bittest. Die Intention sollte immer klar formuliert werden. Im besten Fall sprichst du deine Absicht laut aus, damit du selbst wahrnimmst, was du sagst. Vielleicht merkst du dann, dass sich etwas nicht stimmig anfühlt, und du kannst nachbessern.

So könnte zum Beispiel eine Intention formuliert werden: *»Göttin … (Name der Göttin), ich wende mich an dich, um Heilung für mein Herz zu bekommen. Ich wünsche mir Vitalität und lasse das Gefühl der Trauer jetzt los. So oder noch besser soll es sein. Möge geschehen, was für mich gut und für das große Ganze am besten ist.«*

Das große Ganze meint die Allheit und Verbundenheit aller Wesen, Menschen, Naturgesetze und die der umfassenden göttlichen, universellen Welten. Stehe zu deiner Intention. Du darfst für dich das Beste wünschen und kraftvoll sein!

Bleibt bei dir auch nur ein Funken moralischen Vorbehalts, oder bist du nicht sicher, ob du mit der gewünschten Veränderung leben kannst, dann bleibt dir immer die wundervolle Möglichkeit, von Herzen Danke zu sagen und die Göttinnen zu bitten, dir deinen Weg klarer zu offenbaren.

Folgenden Merksatz möchte ich dir hier als Stütze mitgeben:

*Jedes Vielleicht und jede Unsicherheit bedeuten ein Nein. Jedes Ja kennt kein Aber. Darum feile so lange an deiner Intention, bis du aus vollem Herzen »Oh ja« sagen kannst.*

### *2. Die Vorbereitung und der Altar*

Was du an Vorbereitungen für das jeweilige Ritual treffen kannst, welche Utensilien es zusammenzusammeln gilt, findest du jeweils in den Göttinnen-Kapiteln genau beschrieben. Ebenso findest du dort Tipps zur Gestaltung des individuellen Altars der jeweiligen Göttin.

Der Altar ist der Dreh- und Angelpunkt des Rituals, er markiert den Ort des Rituals. Von hier aus kannst du alle deine Gebete, Wünsche und deine spirituellen Praktiken durchführen. Die Mitte ist dein Ort für Kontemplation und spirituelle Verbindung. Je öfter du ein Ritual an einem Ort gestaltest, umso energetischer lädst du diesen Ort auf. Mit jedem Altar verankern wir die kosmischen Energien in unserer Wohnung, dieser Vorgang ist heilsam.

Ein Altar kann überall in deiner Wohnung oder in der freien Natur seinen Platz finden. Durch das Vorbereiten des Altars verbindest du dich mit dem Ritual an sich. Du lässt den Alltag hinter dir und richtest einen rituellen Raum her, in dem du dich selbst, deine Freundinnen und eine Göttin sich wohlfühlen würden.

Es kann ein Lagerfeuer sein, eine Schüssel Wasser, eine schöne Kerze oder einfach nur ein Topf mit Erde. Du kannst deinen Altar mit Gegenständen aus den vier Elementen Feuer, Wasser, Erde und Luft schmücken. Für das Feuer eine Kerze. Für das Wasser eine Muschel oder eine Schale voller Wasser. Für die Erde können Pflanzen, Samen, Wurzeln, Blumen und Steine stehen. Für das Luftelement kannst du eine Feder, Blätter oder etwas Räucherwerk verwenden. Weitere Tipps findest du in jedem Göttinnen-Kapitel.

Ein Altar kann sehr schlicht sein, muss es aber nicht! Wenn ich unterwegs bin, habe ich eine geschmückte Streichholzschachtel mit dem Symbol von Gaia und vier kleinen Steinen für jede der vier Himmelsrichtungen dabei. Das ist meine Altar-Mitte »to go«. In meinen Frauengruppen wird die Mitte meist üppig geschmückt, ganz nach dem Motto: Fülle zieht Fülle an – für meine Hexenschwestern nur das Beste!

Ich habe schon so viele Altäre in meinem Leben gestaltet, dass ich sie nicht mehr zählen kann. Allerdings fällt mir immer wieder auf: Noch nie glich ein Altar dem anderen! Der Altar entspricht unserem aktuellen Sein, denn wir sind ewig in Wandlung, niemals gleichen wir dem Gestern.

**Kleiner Tipp:** Der Altar kann gerne länger stehen bleiben, wenn du die Göttinnen weiter ehren willst.

### *3. Der Schutzkreis*

Wenn deine Intention geklärt ist und du deinen Altar gestaltet hast, fängt das eigentliche Ritual an.

Beginne, indem du um den Ort, an dem du arbeiten möchtest, einen magischen Kreis ziehst. Ein Kreis hat keinen Anfang und kein Ende. Im magischen Arbeiten dient der Kreis als Schutzraum. Bei jedem magischen Handeln brauchen wir einen Schutzkreis, der uns von Energien und Wesen abschirmt, die wir nicht gebrauchen können und wollen.

Dieser Kreis muss nicht groß sein, gerade so, dass du dich mitsamt deinem Altar und deinen Ritualutensilien frei darin bewegen kannst. Du kannst den Kreis imaginieren oder du kennzeichnest ihn als Mehlkreis oder du läufst ihn ab. Du kannst dir vorstellen, dass du umgeben bist von Mauern aus goldenem Licht.

Auf diese Weise trittst du in den »Raum zwischen den Welten« ein. Von hier aus kannst du magisch wirken und sorgst dafür, dass all deine magische Energie ihren geschützten Platz hat und nicht irgendwo versickert.

Während du den Kreis innerlich oder äußerlich gestaltest, kannst du ihn durch folgende Zauberformeln bekräftigen:

*»Ich ziehe einen Kreis, einen Kreis ziehe ich, in dem ich geschützt und geborgen bin! Nur Energien, Gottheiten und Wesen, die mir wohlgesinnt sind und meinem persönlichen Wachstum dienen, dürfen diesen Kreis betreten. Der Kreis ist nun geschlossen.«*

Diese Sätze kannst du so oft sagen, bis eine geerdete Stimmung in dir aufkommt.

### *4. Die Anrufung*

Steht dein magischer Schutz, dann ist jetzt ein guter Zeitpunkt, um dich mit der Göttin zu verbinden. Die Anrufung ist ganz einfach: Du bittest die Göttin um ihre Anwesenheit.

Die Anrufung gleicht einem innigen Gebet. Du kannst sie

flüstern, singen, tanzen, räuchern, rufen, trommeln, rasseln. Probiere aus, was für dich stimmig ist. Heiße die Göttin einfach willkommen. In jedem Göttinnen-Ritual findest du eine Inspiration zur Formulierung für die Anrufung, an diese kannst du dich anlehnen, wenn du magst.

Nach der Anrufung ist die Schwelle zur Anderswelt offen, und du kannst die Göttin in dir erwecken und eintauchen in ihre Magie.

### *5. Die Ritualhandlung*

Die jeweilige Durchführung des eigentlichen Rituals wird in den Kapiteln zu den jeweiligen Göttinnen genau beschrieben.

Weil ich oft gefragt werde, was mit den Utensilien passieren soll, die man während eines Rituals benutzt, hier nur ein weiterer wichtiger Hinweis: Die Überbleibsel des Rituals wie Kräuter oder Blumen können in die Erde gelegt oder dem fließenden Wasser übergeben werden.

### *6. Das Lösen des Schutzkreises*

Jeder Schutzkreis sollte am Ende des Rituals wieder gelöst werden. Allen gerufenen Göttinnen, Instanzen, Wesenheiten und Himmelsrichtungen sollte für ihre Gegenwart gedankt werden. Alle Kräfte sollten entlassen werden. Folgender Satz kann dir dienen: *»Der Kreis ist jetzt offen, jedoch ungebrochen, ich löse und entbinde alle eingeladenen Energien. Segen auf allen Wegen mit euch, auf allen Zeitebenen und durch alle Dimensionen.«*

Am Ende eines Rituals solltest du immer einen Moment innehalten, um die Energien und die empfangenen Informationen abzustreifen, sie wieder in den großen Lebensstrom zurückzugeben, der sie verwandelt und in sich aufnimmt. Denn jede Energie, mit der wir uns verbinden und die wir aufnehmen und wandeln, sollte wieder entbunden werden und in den Kreislauf des großen Lebensflusses zurückkehren dürfen.

### *7. Vertrauen*

Indem du dich vom Schutzkreis löst, vertraust du der Kraft der Göttinnen und somit dem Prozess. Das ist oft der schwierigste Teil des Rituals: darauf zu vertrauen, dass es wirklich wirkt. Die Praxis zeigt, dass es sinnvoll ist, nicht ständig an das durchgeführte Ritual zu denken. Dies gilt aus dem einfachen Grund, weil wir damit die Frequenzen der geistigen Welt stören! Wenn du dein Anliegen auf die Reise geschickt hast, kannst du nichts mehr tun. Jetzt ist die Göttin, die dein Anliegen empfängt, an der Reihe, zu schauen, was sich damit machen lässt. Die Göttin arbeitet dabei auf einer feinstofflichen Ebene, also mit Schwingungen, die unseren Gedanken sehr ähnlich sind. Aus diesem Grund kann eine dauernde gedankliche Beschäftigung mit dem durchgeführten Ritual dieses sensible Schwingungsmuster empfindlich stören.

Mache dein Wohlbefinden nicht davon anhängig, dass dein Anliegen sofort in Erfüllung geht. In der Alchemie der Magie gilt *nicht:* Je stärker ich bitte, desto erfolgreicher bin ich. Göttinnen handeln meist, wenn deine Intention im Einklang mit dem Gleichgewicht der Weltenseele steht und sie deiner wahren Aufgabe dient.

Jetzt folgen die Kapitel der zwölf Göttinnen, in denen du dich mit ihren verschiedenen Energien vertraut machen kannst.

# GAIA/ TELLUS

*Göttin der Erde,*
*Schöpfungs- und Muttergöttin*

## EINBLICK IN DIE GRIECHISCHE MYTHOLOGIE

Es war dicht und heiß, wild und unbändig, als Gaia sich selbst gebar. Nichts als Leere umgab sie. Die Geburtskraft wurde angeheizt durch das Prinzip des Chaos. Weder die Zeit noch die Sterne umgaben sie. Die Macht des Chaos und die Essenz von Gaia verschmolzen ineinander.

Als Gaia sich selbst hervorgebracht hatte, folgte eine fortlaufende Interaktion von Schöpfung, Wandel und Tod. Nach und nach schuf Gaia den Himmel, das Wasser, die Steine, die Pflanzen – die Grundlagen des Lebens. Laut der griechischen Mythologie schuf Gaia selbst die Zeit, und mit der Zeit gebar sie alles weitere Leben.

Ihr Kind Uranos, der Himmel, wurde zugleich ihr Geliebter. Gaia und Uranos zeugten die zwölf Titanen, die mächtige Götter waren. Unter den Titanen sind nur Kronos und Rheia für uns von Bedeutung, da sie die Eltern einiger Göttinnen in diesem Buch sind.

Doch Gaia ist noch so unendlich viel mehr als die Mutter und Großmutter aller griechischen Götter. Sie ist die personifizierte Erde selbst. Wir alle können uns als Gaias Kinder bezeichnen. Sie ist die Urmutter, Urgöttin, Allgöttin, Alleszeugende, Allesvorhersehende. *Gaia, Gäa, ge* – das bedeutet »die Gebärende«. Sie ist dunkel und nebulös, doch ihre Fruchtbarkeit versiegt nie. Dadurch, dass sie unmittelbar nach dem Chaos entstand, sind ihr das Chaos und damit die Wildnis stets zu eigen. Ungezähmt gestaltet sie das Leben in seinen unterschiedlichsten Formen.

In der griechischen Mythologie ist Gaia die älteste Göttin, da sie an der Entstehung der Welt beteiligt war. Als die große Schöpferin war ihre Anbetung in Griechenland weit verbreitet, insbesondere in Attika, und manifestierte sich in einem Kult, bei dem die Göttin, oft mit Füllhorn und Früchten dargestellt, besonders verehrt wurde. Ein eindrucksvolles Bildnis von Gaia findet sich im Gigantenfries des Pergamonaltars.

Aischylos, der Schöpfer der griechischen Tragödie, beginnt sein Drama *Die Eumeniden* mit den Worten: »Zuerst vor allen Göttern ehr ich im Gebet die Erde als die früheste Seherin«, was auf die Wertschätzung von Gaia hinweist. Interessanterweise war auch das ursprüngliche Kultheiligtum von Delphi der Erdgöttin Gaia gewidmet, bevor es später dem Sonnengott Apollon zugeschrieben wurde.

Doch auch andere Kulturen gehen von einer personifizierten Erde aus. Sie hat viele Namen: Mutter Erde, Pachamama (Andenregion), Terra Mater (römisch), Prithavi (hinduistisch), Mawa (Westafrika). Viele weltweit verbreitete Erdmuttergöttinnen können sowohl Leben erschaffen als es auch wieder verschlingen. Gaia formt in ihrem endlosen Kreislauf von Zeit viele Schicksale: Unser ganzes irdisches Leben – sowohl das menschliche als auch das Leben aller anderen Wesen – entspringt der Erde und endet auch wieder in ihr. In einigen indigenen Kulturen ist es immer noch Brauch, dass das Kind nach der Geburt als Erstes mit der Erde in Berührung kommt. Dies ist eine Geste der Anerkennung, dass das Kind ursprünglich von der großen Mutter kommt. Ebenso werden Sterbende auf den Boden gebettet, als Ehranbietung, dass sie zur großen Mutter heimkehren.

## DIE STIMME DER GÖTTIN GAIA

*Schau mich an, ich bin alles. Du kannst versuchen, mich zu ergreifen, doch du wirst mich nie im Ganzen erfassen können. Ich bin das große Geheimnis. Mein Gesetz ist die Wandlung. Ich lasse alles sterben und neu beginnen. Ich bin die Unendlichkeit. In jeder deiner Zellen wirke ich, und alles an dir ist mit meiner Schöpfung verbunden. Ich bin liebend mit all meinen Geschöpfen. Ich liebe die Fülle, die Vielfalt der Pflanzen, alle Tiere bringen mir Freude. Meine Haare sind das Grün der Erde, mein Blut ist alles Wasser. Mein Geist ist der Wind, meine Knochen sind die Berge. Tief im Inneren der Erde wirkt mein Schöpfungskessel, von dort aus gebäre ich ganze Landschaften. Alles, was ich erschaffe, ist niemals allein. Nichts ist getrennt voneinander, alles ist nur ein Teil in der unendlichen Symbiose und beinhaltet gleichzeitig alles andere. Die ersten meiner Ideen, Viren, Bakterien, Pilze, Pflanzen und Tiere bringen immer wieder Leben hervor und wandeln sich. Nichts geht in diesem Kreislauf von Leben und Tod je*

*verloren, nur die Formen ändern sich. Dieses Leben setzt sich aus vielen meiner Ideen zusammen, Kreisläufe, die durch Äonen miteinander verwoben sind.*
*Wenn du mir folgen willst, dann öffne deine Sinne. Wandere frei von Grenzen. Habe den Mut, in das Dickicht der Wildnis zu gehen. Lass deine nackte Haut von den Perlentropfen meines Blutes berühren. Öffne deinen Blick für die Himmelsfenster: Wolken sind Wasser, von ihnen lernst du viel über die Kraft der Wandlung.*
*Wenn du mir begegnen willst, dann erlaube dir, deinen Leib auf meinen Schoß zu legen. Hier kannst du dich wirklich ausruhen und wirst genährt sein. Atme einfach, fühle mich und lasse zu, dass ich dich halte.*
*Wenn du dich mit mir austauschen willst, dann lerne von den Grashalmen, begegne den Geschichten in den Steinen, fliege mit den Gänsen. Als jüngstes meiner Kinder hast du noch viel zu lernen. Ich gucke wie eine neugierige Mutter auf dich. Ich beachte und kultiviere dich. Was wird in dir aufblühen?*
*Du bist frei, so wie alle meine Geschöpfe immer frei waren, niemals erschuf ich Käfige für sie. Mauern verformen mich. Sie nehmen auch dir deine Kraft. Kannst du dich an deine Freiheit erinnern? Auf deinem Weg zur Freiheit wisse um all deine Verwandten. Jedes Tier ist dir Bruder und Schwester. Jeder Baum dein Atmen, jedes meiner Elemente ist deine Identität. Ich lege dir meine Weisheit in die zarten Tropfen des Morgentaus. Du fühlst mich im Flüstern des Windes. Meine Größe erblickst du beim Anblick der Sterne in der dunkelsten Nacht. In der Stille der Nacht, beim Pulsieren deines feinen Herzschlages bin ich da.*

## DIE KRAFT DER GÖTTIN: WARUM SIE VON BEDEUTUNG FÜR UNS IST

Die Motivation, mit Gaia Kontakt aufzunehmen, kann daher rühren, dass wir uns zu vergeistigt fühlen, uns selbst und unser Leben zu sehr mit dem Verstand erfassen. Wir sagen dazu: »zu verkopft«. Gaia hilft uns, uns im wahrsten Sinne des Wortes zu erden. Gaias Wissen entspringt aus den Tiefen der Wurzeln. Wenn wir uns mit uns selbst und unserem Leben wieder ver*wurzeln* wollen, dann ist Gaia die beste Wegbegleiterin.

In der Verbindung zu Gaia fühlen wir den Mutterkontakt. Ist unsere Bindung zur leiblichen Mutter verletzt, traumatisiert oder schlicht nicht existent, dann ist die Anbindung an die große Urmutter eine gute Chance, in diesem Leben überhaupt Wurzeln zu schlagen.

Haben wir vergessen, dass wir die lebendige Verkörperung des Göttlichen sind, und fehlt uns unser Körperempfinden, dann finden wir Trost im körperlichen Kontakt mit der Erdmutter.

Ein weiterer und wichtiger Grund, sich an Gaia zu wenden, ist die Schärfung unserer Sinne, schließlich sind diese unsere wichtigsten Wächter in der wilden Welt. Wie können wir vom Rauschen der Flüsse lernen oder vom Ruf des Bussards? Nur mit geschärften Sinnen ist dies möglich.

Wenn sich unsere Seele in der Tiefe der Nacht vor Einsamkeit krümmt, dann hilft der zarte Funken eines Sterns, die fast vergessene Erinnerung an Zuwendung und Schutz jenseits der menschlichen Worte wieder emporsteigen zu lassen. An jeder Quelle, auf jedem Berg, auf jedem Feld und in jedem noch so kleinen Park, beim lieblichen Duft einer Blüte oder dem erdigen Geruch nasser Baumrinde kannst du dich an Gaia wenden, um deine kostbare Lebenskraft wieder ins Fließen zu bringen.

Du kannst auch die Verbindung zu der Erdgöttin suchen, wenn du deine Rückanbindung zur Naturspiritualität stärken willst. Und wenn du deine Lebendigkeit feiern und Danke sagen möchtest, dann ist sie eine Göttin, die es mit Freude annehmen wird.

Mit Gaia in Verbindung zu gehen, ist einfach und bereitet Freude. Andere Göttinnen wie Kali oder Artemis fordern uns da schon mehr heraus.

Für die Verbindung mit Gaia musst du dich schlicht vor die Haustür begeben, tief einatmen, deine Sinne ins Bewusstsein holen und fühlen, was du wahrnimmst. Gaias Geist ist weit mehr als der fruchtbare Mutterboden, der uns alle nährt. Er ist auch weit mehr als jede Form von Erde, Sand oder Kies, die nur ein Teilaspekt ihrer Fülle sind. Das Element Erde mit all seinen Ausprägungen ist nur ein kleiner Teil von Gaias Schöpfung. Verbindungsräume von Gaia findest du überall: im Park und in der Wildnis, im Wald, am Berg und am Strand, im Flug der Libelle und beim Streicheln deines Haustieres, im Geräusch der Regentropfen und dem Singen der Vögel in der Dämmerung, im Schmelzen des Schnees auf deiner Haut.

Die Ausstrahlung von Gaia, ihr Magnetismus, harmonisiert unser Energiefeld. Deswegen ist es gut, barfüßig oder mit irgendeinem Körperteil echten Kontakt zur Erde aufzunehmen, sie zu berühren ohne Schuhwerk oder Kleidung, nur mit deiner Haut.

Gaia fühlst du insbesondere vom Bauchnabel abwärts. Von den Lehren der Chakren wissen wir, dass das Wurzelchakra (unser Basischakra oder auch Muladhara genannt) stark mit der Erde in Verbindung steht. Von diesem Energiezentrum erfahren wir Sicherheit, Stabilität und Verwurzelung, das heißt, je besser du mit Gaia verbunden bist, umso mehr bist du in deinem Leben verankert. Diese energetische Verbindung gleicht der roten Nabelschnur unserer leiblichen Mutter. Unsere Lebenskraft wird bei jeder Erdung (modern: Grounding) genährt. Ich nehme die Verbindung mit ihr am liebsten auf, indem ich mich auf große Findlinge oder an die Wurzeln von Bäumen setze.

Gaia hat seit der New-Age-Zeit, auch durch die wachsenden Ökobewegungen und durch die Klimaaktivisten, an Beliebtheit gewonnen. Längst hat sie kulturübergreifend ihren Platz im Weltbild vieler junger Menschen eingenommen. Ihnen ist zutiefst bewusst, dass wir sterben werden, wenn wir die Erdmutter nicht ehren. Unser aller Leben hängt vom Gleichgewicht stabiler Ökosysteme und der Biodiversität ab. Mit anderen Worten: Wenn Gaia uns nicht mehr trägt, sterben wir, und sie wird nach einem sehr langen Schlaf anfangen, andere Kinder zu gebären. Denn so wie sie unermüdlich für ihre Kinder sorgt, damit sie alles haben, was sie benötigen, so unermüdlich wird sie neues Leben erschaffen. Ihre Kinder sind frei, sich zu entfalten und viele verschiedene Wege zu gehen. Die Erdenmutter lässt alles zu. Nur eines nicht: dass das Leben selbst bedroht wird. Wenn dieser Punkt erreicht ist, greift sie ein, bis das Überleben des Lebens wieder gesichert ist. Denn als Gebärende dient sie dem Leben und dem Schutz des Lebens, und zwar *allen* Lebens.

Die Tiefe der Verbindung zwischen einer Mutter und ihrem Kind zeigt sie uns im Spiegel: Vergiften wir sie, dann vergiften wir uns selbst. Alles, was wir ihr antun, ob zerstörend oder nährend, tun wir uns selbst an.

Gaia erinnert uns an das Gleichgewicht aller Dinge. Wenn wir uns nur an ihrer Fülle bereichern, dann werden wir nie satt. Ein Phänomen unserer westlichen Welt: Wir kaufen mehr ein, als wir essen können, werfen Essen in den Müll, noch nicht einmal die Bedürftigen dürfen sich daran bedienen. Wenn wir aber nur nehmen, dann entsteht eine Leere. Nur indem wir zurückgeben, kann diese Leere gefüllt werden. Das Geben beinhaltet den Schutz aller Wesen, das Mitgefühl für unsere Mitwelt (statt »Um-Welt«).

Gaia lehrt uns das Wesentliche im Leben: Du bist immer und überall zu Hause, wenn du im Einklang mit der Natur und den Jahreszeiten lebst und nur so viel nimmst, wie du wahrhaftig brauchst. Nichts, was uns Gaia schenkt, ist selbstverständlich, und doch ist sie von großzügiger Natur: Sie versorgt uns mit allem, was wir brauchen, und noch viel mehr. Als Mensch bist du Erdenhüter, darum kümmere dich auch um die Bedürfnisse von Pflanzen und Tieren.

Die Beziehung zur Urmutter, zur Erde, spiegelt die Beziehung unserer Gesellschaften zu den leiblichen Müttern wider: Ehren wir die Mütter eines Landes, dann wird das Land fruchtbar; unterdrücken oder beuten wir die Mütter eines Landes aus, dann wird das Land öde – das sagen die weisen alten indigenen Großmütter. Im tibetischen Buddhismus ist es immer noch Brauch, sich zu vergegenwärtigen, dass alle existierenden Wesen auch einmal in ihren unzähligen Inkarnationen die eigene Mutter waren. So ist es immer möglich, Dankbarkeit zu empfinden.

Unsere verwundete Erde ist auch ein Ausdruck dafür, wie wir mit dem Prinzip der Weiblichkeit umgehen. Die Unterdrückung der Frau ist in weiten Teilen der Erde immer noch Realität, wenig anerkannt, weder betrauert noch aufgearbeitet worden. Somit wundert es nicht, wie verletzt unsere Erde ist. Für diese kollektiven Wunden brauchen wir Rituale der Trauer, Anerkennung und Heilung.

Die Verletzungen, die Gaia durch menschliches Handeln

erfährt, hinterlassen bei den meisten Menschen Spuren. Wir sprechen vom Symptom Erdenschmerz. Es ist der Schmerz, der bei dem Gedanken an Tiere, Pflanzen und Umwelt oder dem Erleben von Missständen entsteht – wie zum Beispiel Massentierhaltung, Waldsterben, Wasservergiftung … Nicht selten lässt dieser Schmerz uns verzweifeln, erstarren oder gar ohnmächtig werden. Wir fühlen uns hilflos, machtlos oder ausgeliefert. Darum gehört in unsere moderne Spiritualität auch die Bewusstwerdung und Anerkennung dieses Schmerzes. Er verbindet uns kollektiv mit allen Wesen und Menschen aller Kulturen. Durch die Akzeptanz des Schmerzes wächst unser Mitgefühl und somit auch unsere Handlungsfähigkeit. Wir dürfen betrauern, was ist und war, und uns gleichzeitig eine Welt wünschen, in der Menschen sich an die Göttlichkeit aller Dinge erinnern. Wir leben im Erdenparadies.

## Alltagsrituale, um die Verbindung zu Gaia zu stärken

- Verbringe Zeit in der freien Natur, sei es im Wald oder in einem Park. Mache daraus eine sinnliche Erfahrung. Umarme einen Baum. Rieche an der Erde. Berühre einen Stein.
- Achtsames Gehen: Nimm dir Zeit, bewusst und achtsam zu gehen. Spüre den Kontakt deiner Füße mit dem Boden und sei dir des gegenwärtigen Moments bewusst.
- Pflanzen-/Baummeditation: Setze dich neben eine Pflanze oder einen Baum. Konzentriere dich auf ihre/seine Präsenz, spüre ihre/seine Energie und den Rhythmus ihres/seines Wachstums. Probiere das an verschiedenen Pflanzen/Bäumen aus, so erfährst du die unterschiedlichen Eigenschaften und Botschaften.

## ALTAR ZU EHREN DER GÖTTIN GAIA

Auf deinen Gaia-Altar passen folgende Utensilien, die dem Erdelement zugeordnet werden: alle Arten von Mineralien, Metallen und Pflanzen. Metalle können zum Beispiel sein: Kupfer, Gold, Silber oder Eisen. Mineralien können sein: jede Art von Quarz, vom einfachen Findling bis zum Edelstein. Zu den Mineralien gehören auch Knochen von Tieren, die man in der freien Natur gefunden hat. Jede Art von Pflanze, von der Blüte bis zum Samen, Rinde, Knospe, Blatt und Wurzelwerk kannst du auf deinen Gaia-Altar legen. Du kannst diesen Altar auch mit Symbolen, einem Bild oder der Figur der Erdgöttin schmücken. Als Opfergaben für die Göttin bieten sich Knospen und Samen an. Da Gaia auch für den Kreislauf der Zeit steht, ließe sich der Altar gut rund gestalten. Die Farben Braun und Schwarz sind Gaia zugeordnet.

## MOMENTUM: DER OPTIMALE ZEITPUNKT FÜR DIESES MAGISCHE RITUAL

Weil Gaia die Zeit erschuf, sind Rituale für ihre Anrufung nicht an eine Jahreszeit, ein Jahresfest oder eine bestimmte Uhrzeit gebunden. Doch in den Zeiten der Dämmerung, in der Atmosphäre der Stille und Kontemplation, bist du dem Zyklus des Lebens näher, das macht die Anrufung leichter. Im intensiveren Lichterspiel verändert sich die Stimmung, und wir können uns selbst leichter für die Mystik des Seins öffnen. Somit sind die Dämmerungen eine gute Zeit für Transformation, Veränderung und Anrufung.

## GAIA-RITUAL: ERDSCHMERZ BEZEUGEN

**Dauer:** ca. 2 bis 3 Stunden
**Ort:** Wald oder Park (freie Natur)
**Utensilien:** Briefpapier und Stift, zwei Briefumschläge, ggf. Schreibunterlage, Handschaufel und eine Tüte Wildblumen- oder Kräutersamen
**Intention: Gaia danken und Zeugin des Erdschmerzes sein**

Die genannte Intention dient als Idee, du kannst sie auch für dich passend variieren.
Das Ritual kannst du für dich selbst oder zusammen mit einer Gruppe gestalten. Wenn du die Gruppe anleitest, dann wäre es gut, wenn alle Teilnehmerinnen die Intention kennen.

Dieses Ritual sollte in der freien Natur stattfinden, im Wald oder in einem Park. Du solltest nicht erschöpft sein und ca. zwei bis drei Stunden einplanen.
Du kannst einen Altar mit Gegenständen aus der Natur errichten. Hier sind deiner Fantasie keine Grenzen gesetzt: Es kann ein Blättermandala-Kreis werden, oder du schmückst die Mitte mit Zapfen. Das Errichten dieses Altars hilft dir, aus dem Alltag in den gegenwärtigen Moment zu kommen und dich mit dem Ort vertraut zu machen. Suche dir einen Platz, wo du möglichst ungestört bist und die Naturwesen dieses Platzes nicht störst. Hierfür genügt es, wenn du die Erde berührst und fragst, ob du dort willkommen bist. Wird dir warm, oder folgt ein wohliges Gefühl, dann bedeutet das ein »Ja« des Platzes. Bei starker Gänsehaut und Kälte würde ich einen anderen Platz wählen.

Beginne damit, dass du einen Schutzkreis ziehst und danach die Eigenschaften des Erdelements einlädst: Erdung und Verbundenheit, Stabilität und Standhaftigkeit, Fülle und Nahrung, Sinnlichkeit und Materie, Elemente, Steine und Knochen und Wurzeln.
Dann heiße Gaia willkommen, auf dass sie dich führe und lehre. Folgender Satz könnte ein roter Faden sein:

*»Große Urmutter, Gaia, Schöpferin, ich rufe dich, sei willkommen mit deiner Weisheit. Hilf mir, mich zu erinnern, mich zu verwurzeln und Heilung zu erfahren.«*

Nimm dir nach der Anrufung Zeit und komme in der neuen Situation des Rituals an. Dabei hilft die Gaia-Meditation.

Nach der Meditation solltest du dir ca. 60 Minuten Zeit nehmen (wenn ihr mehrere wart, ist dies Solo-Zeit), das heißt, du gehst zum Beispiel (allein) in den Wald und suchst dir eine schöne Wurzel oder einen Baum, an den du dich gemütlich anlehnen kannst. An diesem Ort schreibst du zwei Briefe: Im ersten Brief bedankst du dich bei Gaia für all ihre Gaben und dafür, was du Schönes auf der Erde sehen kannst. Diesen Brief lässt du sichtbar an Ort und Stelle liegen. Vielleicht wird er von einem Spaziergänger gefunden. Möge dieser Mensch von deinem Dank berührt werden und Freude erfahren.
Im zweiten Brief schreibst du auf, was dich von dem, was auf der Welt passiert, am meisten bekümmert: Umweltverschmutzung, Tierleid, Artensterben und deine damit verbundene Angst, Trauer und Sorge. Den zweiten Brief nimmst du mit zurück zum Ritualort. Dort gräbst du ein Loch und legst deinen Brief hinein. Du begräbst im wahrsten Sinne des Wortes deinen Erdenschmerz. Wenn ihr mehrere seid

und eine von euch den eigenen Brief vorher vorlesen möchte, kann sie das stellvertretend für alle tun. Nachdem du den Schmerz begraben hast, kannst du diesen Platz mit etwas Schönem schmücken.

Zum Abschluss des Rituals nimm dir einen Samen und sprich aus, was du Gaia und somit auch dir selbst wünschst, und vermische den Samen mit der Erde, sodass daraus etwas Schönes erblühen möge.

Das Ritual kannst du mit einem spirituellen Rituallied von den Native Americans abschließen:

*Erde mein Körper*
*Wasser mein Blut*
*Wind mein Atmen*
*Und Feuer meine Seele.*

Bedanke dich abschließend bei der Erdgöttin für ihre Präsenz und löse den Schutzkreis.

## GAIA-MEDITATION: ERDVERBUNDEN SEIN

**Dauer:** 20 Minuten
**Unterstützend:** Summe die Vokale »Eeee« oder »Ooooo«, sie beruhigen das Nervensystem, während du die Wirbelsäule leicht schwingen lässt
**Ort:** überall, wo fester Untergrund ist
**Wirkung:** Meditation, um Stabilität zu fühlen und Körperempfinden zu steigern, dich zu reinigen

**Affirmation**

Folgende Sätze können dich dabei unterstützen, dich während dieser Übung zu fokussieren:

*Ich bin vollkommen.*
*Ich bin eins mit Gaia.*
*Gaia nährt und trägt mich.*
*Ich bin stabil und sicher.*
*Ich fühle meinen Körper.*
*Mein Leben ist ein Kreislauf.*
*Ich bin die lebendige Verkörperung der Erdmutter.*

**Haltung**

Für diese Meditation ist es sinnvoll, dass du aufrecht stehst, ohne die Knie durchzudrücken. Stelle die Füße ungefähr schulterbreit auseinander. Die Fußstellung sollte so sein, dass die Zehen auf einer Höhe sind und in dieselbe Richtung zeigen. Entspanne deine Muskeln und Gelenke. Schüttle dich dafür gerne einige Minuten aus.

**Visualisierung**

Nun stelle dir vor, dass von deinem Steißbein aus (auch *Os occygis* oder »Schwanzbein«) eine unmittelbare rote Verbindungslinie bis zur Erdmitte reicht. Die zähflüssige Glut der Erde oder das Blut der Erdmutter nährt das Älteste an deinem Körper, dein Steißbein. Es ist das Relikt der Geschichte unserer Menschheit. Du bist Teil dieser Biografie von Gaia. Deine Ururvorfahren hatten einen Schwanz, der ihnen dazu diente, das Gleichgewicht zu halten. Von hier aus holst du dir ins Bewusstsein, dass dein Körper verwandt ist mit allen Tieren und allem Sein.
Vom Steißbein aus stellst du dir vor, dass diese Verbindungslinie wie ein drittes Bein ist und du dein Gewicht und den

restlichen Körper entspannt abgeben kannst an die Schwerkraft.
Während du dort stehst, gehst du in Kontakt mit der Erdenergie. Wenn es dir hilft, kannst du dir vorstellen, du stehst an einem Kraftplatz oder auf Moos, auf einem Waldboden oder an einem Berg.
Hole dir ins Bewusstsein, welcher Erdboden dir am meisten das Gefühl von Sicherheit, Kraft und Stabilität vermittelt. Lasse dieses Bild vollständig innerlich in dir aufsteigen. Nimm die Stimmung um dich herum wahr, die Tageszeit und Jahreszeit. Erst wenn du wirklich merkst, dass du dich gut fühlst und verankert bist, nimmst du die Erdenergie Welle um Welle in dir auf, indem du dir vorstellst, dass die Glut der Erde dich nährt und wärmt. Wenn du an dir Körperstellen mit angestauter und verspannter Energie wahrnimmst, dann bittest du die Glut der Mutter Erde, sie zu transformieren und zu reinigen. Hierfür kannst du hintereinander die Laute »Eeee« oder »Oooo« summen. Lasse diese rote Erdenergie bis zu deinem Scheitel aufsteigen, atme dabei gelassen und gleichmäßig ein und aus. Du kannst auch deine Wirbelsäule sanft vom Steißbein bis zum Atlas wellenförmig bewegen und atmen.
Bleib so lange bei dieser Übung, wie sie dir guttut. Und vergiss nicht, immer wieder auch verbrauchte, angestaute Energie in die Glut der Erde abzugeben, bis du dich wirklich geerdet und gut genährt fühlst.

**Abschluss und Dank**

Zum Schluss bedanke dich bei Gaia für ihre Kraft und im Anschluss bei dir selbst. Berühre den Boden bewusst auch einmal mit deinen Händen.

# KALI

*Göttin des Todes, der Zerstörung und der Erneuerung*

## EINBLICK IN DIE HINDUISTISCHE MYTHOLOGIE

Die Wurzeln der Göttin Kali finden wir im Hinduismus. Der Hinduismus ist die drittgrößte Glaubensgemeinschaft der Welt, nach dem Christentum und dem Islam. Die meisten Hindus leben in Indien. Der Hinduismus kennt keinen Glaubensgründer und auch keinen monotheistischen Gott. Vielmehr sind die Hindus Polytheisten, was bedeutet, dass sie viele Gottheiten und Naturgeister verehren. Sie behaupten voller Freude, bis zu 330 Millionen Götter und Göttinnen zu kennen.

Diese Gottheiten wohnen in kleinen und großen Tempeln, sie leben in Höhlen, in den Tieren, in Steinen, in Bäumen, Flüssen, Bergen und in Altären, die Menschen für sie geschaffen haben. Der Hinduismus kann als vielschichtiger Religionskomplex bezeichnet werden, dessen Entstehung durch verschiedene religiöse, philosophische, rituelle und mystische Strömungen bis zu 3500 Jahre zurückliegt.

Kali ist neben Durga, Lakshmi, Sarasvati und Shakti eine der beliebtesten und ältesten Göttinnen Indiens. Ihre Abbildungen sind stets Furcht einflößend: Sie wird mit blutdurchtränkter Zunge, Schlangen, Schädelgirlanden um den Hals, einem Rock aus abgetrennten Armen und selbst mit vier Armen abgebildet. In einer ihrer Hände hält sie einen abgetrennten menschlichen Kopf, was auf die Zerstörung des Egos hinweisen soll. Eine andere Hand schwingt ein Schwert, mit dem sie das Band der Anhaftung durchtrennt. Weitere Hände zeigen Mudras (Gesten) des Schutzes.

Kalis Gemahl ist Shiva, der ihr männliches Gegenstück ist, der Gott der Zerstörung, des Wandels und der Erneuerung. In diversen Überlieferungen liegt Shiva Kali zu Füßen, wie einst beim »Tandava-Tanz«. Laut der Überlieferung war Kali so in ihren zornigen Tanz vertieft, dass sie drohte, die Welt zu zerstören. Um sie zu beruhigen und die Zerstörung zu stoppen, legte Shiva sich ihr zu Füßen. Als Kali auf Shivas Brust trat, erwachte sie aus ihrer Trance und beendete ihren zerstörerischen, wilden Tanz.

Um Kali ranken sich noch viele weitere Mythen. Sie sind so vielfältig wie ihr Name und ihre Erscheinungsformen. Der Name Kali leitet sich von *kaala* ab, was sowohl »schwarz« als auch »Zeit« bedeuten kann. Sie gilt als »die schwarze« Göttin der Zeit. Sie wird auch Kali Ma genannt, »die göttliche Mutter« (*Ma* = »Mutter« auf Hindi). Weiterhin wird sie als »große Esserin« bezeichnet, die alles, was sie erschaffen hat, am Ende auffrisst, um es danach wieder neu zu gebären.

Kali repräsentiert den Neumond. Totenschädel, schwarze Steine und Blut werden als Kultgegenstände benutzt. Ihr Element ist das Feuer. Sie wird vor allem auf Friedhöfen verehrt.

Kali wird als eine Gottheit mit dualen Aspekten wahrgenommen, die sowohl zerstörerische als auch befreiende Energie verkörpert. Deshalb kann man sie nicht nur auf ihren Todesaspekt reduzieren. Sie wird auch als Schutzgöttin verehrt, denn ihre kriegerische, zerstörerische, grimmige Kraft richtet sich nicht nur gegen mächtige Dämonen wie Raktabija, sondern auch gegen Ungerechtigkeit.

Mit ihrem Schwert nimmt Kali uns jegliche Illusion über unser Ego, rüttelt an jeder Unterdrückung und schafft Raum für Erneuerung.

## DIE STIMME DER GÖTTIN KALI

*Desillusioniere dich! Die Zeit zerrinnt in deinen Händen. In dem Moment, in dem du ausatmest, erwache ich. An mir kommt kein Wesen vorbei, denn nichts ist unsterblich. Beständigkeit bleibt eine Illusion. Ich tanze durchs Chaos. Furchtlos trinke ich das Blut aller meiner Feinde. Ich bin unberechenbar. Du findest mich in der heiligen Dunkelheit, die dich tief in dein Schattenreich führt. Schmeckt dein Blut nach Gier und Anhaftung, dann helfe ich dir, dich davon zu befreien. Ich löse jede Abhängigkeit. Ich diene der Befreiung. Meine Wut kann ganze Landschaften und Dämonen verschlingen. Der Raum, aus dem ich wirke, ist der Äther, ich transformiere durch Feuer und Blitze. Mein Schwert durchtrennt alle Laster. Ich tanze so lange auf Leichen, bis ich die ursprüngliche Gerechtigkeit wiederhergestellt habe. Ich kenne alle Geheimnisse und führe dich bis an den Rand deines Verstandes. Ich durchleuchte jeden Winkel deiner tiefsten Schatten, bis du unerschrocken anerkennst, wie sehr du selbst an der Zerstörung unserer Welt mitwirkst. Versuchst du mich zu kontrollieren, dann schicke ich dich in ein Labyrinth. Du wirst so lange keinen Ausgang finden, bis du bereit bist, all dein Wissen, all dein Ego auf einen*

*Scheiterhaufen zu legen. Meine Schlangen lehren dich das Häuten. Wenn du dich gehäutet hast, stehe ich da als die Erneuerin und fordere dich auf, ekstatisch deine Lebendigkeit zu genießen. Meine Macht ist die Veränderung, ich praktiziere das Loslassen. Ich spiele dieses Spiel so lange, bis dein Herz tausendmal zerbricht und du dich selbst mit all deinen Schatten annehmen kannst. Ich bin der Dünger aller schmerzhaften Erfahrungen. Jede Ablösung, die du erfährst, bereitet dich auf die letzte große Schwelle, den Tod, vor. Hab keine Angst, du bist nicht allein, ich werde da sein, denn ich bin die Hebamme der Sterblichkeit. Ich fange deinen letzten Atemzug auf, er wird zum Samen eines neuen Lebens.*

## DIE KRAFT DER GÖTTIN: WARUM SIE VON BEDEUTUNG FÜR UNS IST

Kali ist vielleicht eine der am meisten missverstandenen Göttinnen, denn obwohl sie erschreckend aussieht, ist ihr Herz so rein wie ihre weißen Zähne. Sie hilft uns, karge Phasen in unserem Leben zu überwinden, in denen wir uns ausgesondert oder ausgebremst fühlen. Wir alle kennen diese Lebensabschnitte, in denen wir vom Leben in die Außenseiterrolle gedrängt werden. Diese Erfahrungen können die Folge einer Erkrankung, einer Trennung von einer geliebten Person, einer Demütigung oder eines Scheiterns sein.

Wenn du den Wunsch verspürst, eine Veränderung dieser Ereignisse in deinem Leben herbeizuführen, um Raum für Neues zu schaffen, dann ist Kali die beste Wegbegleiterin. Sie verleiht dir den Mut, um mit all deinen verletzten Persönlichkeitsanteilen umzugehen.

Bevor wir unsere Wut, unsere Trauer oder unsere Angst

zerstörerisch gegen uns selbst richten oder sie mit aller Kraft unterdrücken, bis alle Lebensfreude erstickt, sollten wir Kali bitten, uns einen Weg aus der Finsternis zu zeigen. Sie verleiht uns die Stärke, die wir brauchen, um uns von unguten Dingen und Stationen unseres Lebens zu befreien. Willst du eine toxische Beziehung oder eine Arbeit, die nicht angemessen vergütet wird, beenden, kann Kali dich leiten.

Kali ist zwar unbequem, wenn wir sie rufen: Harmoniesucht und der Wunsch, es anderen recht zu machen, hören dann auf. Dafür aber gewinnst du Ehrlichkeit und Aufrichtigkeit. Nimm dir also den Raum, direkt und ehrlich zu sein. Kali ist eine strenge Weisheitslehrerin. Sie will dich aufwecken und dir sagen, dass du so nicht weitermachen kannst. Kali hilft dir dabei, deine Grenzen klarer zu definieren. Du kannst dich mit Kalis Kraft nicht länger selbst belügen.

Viele Frauen fühlen sich in ihrer Eigenmacht vom Patriarchat unterdrückt. Das Patriarchat will, dass wir nett und ruhig sind. Kali sagt: Zur Hölle mit all der Anpassung! Ihre strenge Liebe fordert uns dazu heraus, giftige Lebensumstände über Bord zu werfen.

Das Leben wird uns immer wieder mit Verlust, Wut, Angst, Krankheit und Ablehnung konfrontieren. Auf den ersten Blick wirkt dieser Satz bitter, doch in ihm versteckt sich heilsame Medizin: Die Erfahrung von Leid öffnet unser Herz für Mitgefühl und Mitfreude. Kali öffnet unsere Sinne, und wir entwickeln Mitgefühl für dieses fragile Leben.

Kaum eine Göttin wird mit ihrer Kraft so sehr abgelehnt wie Kali. Eckig, unbequem, voller Schrecken, tantrisch und schneidend fordert Kali uns zu mehr Authentizität auf. Die Mythen um Kali sind absichtlich schockierend. Sie zeigen uns, dass Frauen nicht nur leise und brav zu sein haben, sondern zur Weiblichkeit auch Macht, Aufruhr, Wut und heiliger Zorn gehören.

Die Hindus sagen, Kali sei eine der Göttinnen, die Wünsche erhöre. Ich kann aus Erfahrung sagen, dass es stimmt. Arbeitest du mit dem Element Feuer und rufst Kali herbei, dann bringt ihr nichts mehr Freude, als dich in deiner Entwicklung zu fördern. Wir brauchen Kalis Kraft, um unser Nein zu leben. Sie hilft uns, uns klarer von negativen Emotionen abzugrenzen. Jede Frau wurde auf irgendeine Weise schon einmal enttäuscht im Leben. Wir alle sind verletzt, ausgenutzt oder in unserer Kraft unterdrückt worden.

Kali hilft uns, mit unseren ureigenen Schattenseiten und all diesem Schmerz einen Umgang zu finden. Wir können nicht leugnen, dass wir menschliche Gefühle wie Angst, Wut, Zorn haben oder zeitweise selbst auch bösartig sind. Jede von uns hat eine Geschichte erfahren, die unser Bewusstsein formt. Die wenigsten sind unbefleckte Heilige. Kali steht auf der finsteren Seite und erinnert uns daran, dass Licht und Dunkel zusammengehören. Beide Pole formen unser Handeln und den Umgang mit der Welt. Wir können die dunkle Seite des Lebens nicht loslassen, wir können sie nur verweben, integrieren und als das akzeptieren, was sie ist. Unterdrücken wir unsere scheinbar »niederen« Gefühle, dann finden sie ihren eigenen Ausdruck: Das Geschirr zerbricht scheinbar versehentlich, die Suppe wird salzig oder die Nacht schlaflos. Die dunkle Seite deines Lebens kann dich zur Geisel alter Vorstellungen machen, negative Glaubenssätze werden zum Gift deiner Eigenmacht, wenn du nicht den Mut aufbringst, für dein Wohlbefinden zu kämpfen.

Du bist mehr als die Geschichte deiner Kindheit, mehr als die Geschichte deiner Eltern und Ahnen! Kali ist eine tatkräftige Kriegerin, rufst du sie, dann stirbt jede Form deiner Opfervorstellung. Kali befreit dich von den Fesseln überholter Vorstellungen. Du lernst, dich abzugrenzen! Sie legt dir Mut und Stärke in die Hand. Sie hilft dir, dich aus schockierenden Umständen zu befreien.

Plötzlich trifft uns der Blitz der Erkenntnis, und wir sind bereit für die Veränderung, die wir uns wünschen. Und eines Tages, nachdem das Erdbeben vorbei ist und wir durch den Prozess unserer Erneuerung gegangen sind, tauchen wir als eine andere auf. Auch dann herrschen nicht nur Regenbogenfarben und glorreiche Tage, aber wir sind wieder ein Stück mehr die geworden, die wir sein wollen, und können dem Patriarchat erneut widerstehen. Bis irgendwann dieser Prozess von Neuem beginnt. Und das ist gut so!

## ALTAR ZU EHREN DER GÖTTIN KALI

Ich war einmal auf einer Gothic-Party und fand lauter lebendige Kalis um mich herum, was mich beglückte. Genau diese düstere Stimmung darf ein Kali-Altar vermitteln. Er darf wild, dunkel, sexy und schockierend wirken. Etwas auf ihm sollte den Tod repräsentieren, zum Beispiel Tierknochen oder -schädel, Laub oder verwelkte Blumen. Du kannst auch etwas roten Saft aufstellen oder ein Schnapsglas mit Menstruationsblut. Die Stoffe, die du zum Unterlegen verwendest, sollten schwarz oder blau sein, wie die Farbe von Kalis Haut und Haaren. Messer oder Dolche können das Schneiden symbolisieren. Dunkler Mutterboden und eine dunkle Kerze sollten nicht fehlen.

Gestaltest du das Ritual draußen, eignen sich immer ein Lagerfeuer oder Grablichter als die Mitte des Altars, umgeben von schwarzen Steinen.

Als Räucherwerk für eine Kali-Zeremonie passend sind: Drachenblut (Harz), schwarzer Weihrauch *(Boswellia neglecta)*, Myrrhe, getrocknete Erlenblätter oder Rinde.

## MOMENTUM: DER OPTIMALE ZEITPUNKT FÜR DIESES MAGISCHE RITUAL

Die besten Jahreszeiten, um mit Kali in Kontakt zu kommen, sind der Herbst und der Winter. Dann, wenn die Natur vergeht und sich in der Erde erneuert. Der Totensonntag Ende November oder das frühere keltische Ahnenfest Samhain eignen sich sehr gut für ein Kali-Ritual, des Weiteren alle Tage im Jahr, an denen Neumond ist, da dieser uns bei der Ablösung und beim Neuanfang unterstützt. Passende Tageszeitpunkte sind der späte Abend und die Nacht.

## PFLANZLICHE VERBÜNDETE DER GÖTTIN: SCHWARZERLE

Als Pflanzengeist begegnet mir in meinen Trancetänzen die Schwarzerle in Verbindung mit Kali. Die Erle ist Hüterin von Geheimnissen, ein Schwellenbaum zur Anderswelt, sie stärkt unser Selbstvertrauen und bringt Klarheit und Ausdauer. Weiterhin gilt die Erle als Baum der Toten. Viele Hexen benutzen die Rinde der Erle als Symbol für das »Leben im Tod« und den »Tod im Leben«. Im Volksglauben sind Sagen über die Erle meist mit düsteren und unheimlichen Begebenheiten verwoben, genau dort fühlt Kali sich heimisch. Die Schwarzerle wächst bevorzugt an sumpfigen Stellen wie Teichen, Flussauen oder Mooren, und kein Baum wagt sich tiefer in den Sumpf hinein als sie. Erlen stehen also genau auf der Grenze zwischen dem festen, sicheren Boden und den schaurigen, nebeligen Moorgebieten mit all ihren Gefahren.

Fällt man die Erle oder verletzt ihre Rinde, blutet sie wie wir, was die Menschen in den alten Zeiten mit Furcht erfüllte.

Als Tee eignen sich die Knospen, Kätzchen, Blätter und auch die jungen Zapfen der Erle. Du solltest den Erlentee mindestens fünf Minuten ziehen lassen und zum Beispiel vor der Meditation oder dem Ritual trinken.

## KALI-RITUAL: TRANSFORMATION UND REINIGUNG

**Dauer:** ca. 2 Stunden
**Ort:** in einem geschützten Raum oder auf einem Friedhof
**Utensilien:** ein Messer oder eine Schere, ein Feuerzeug, ein Grablicht und eine Schnur aus Wolle
**Intention: Reinigung und Trennung, Loslösung**

Du kannst dieses Ritual draußen auf einem Friedhof oder in einem Steinkreis durchführen oder drinnen in deinen eigenen Räumen.

**Kleiner Tipp:** Wenn du das Ritual drinnen machst, öffne danach die Fenster, damit die frische Luft dich und deine Räume erfrischt.

Wenn du dieses Ritual auf dem Friedhof machst, dann achte bitte besonders auf den Schutzkreis. Selbstverständlich sollte der Raum für Trauer und Stille für jeden Besuchenden gewahrt und respektiert werden.

Der Friedhof ist für uns Hexen ein sehr beliebter Ort, um Rituale zu zelebrieren. Meist ist man dort ungestört und darf seinen Emotionen freien Raum lassen, ohne dass man schräg angeguckt wird, falls doch jemand in der Nähe ist. Weiterhin ist der Friedhof ein Kraftplatz, an dem wir etwas sterben lassen können, weil alles an diesem Ort energetisch auf das Sterben eingestimmt ist.

Wenn du das Kali-Ritual draußen gestaltest, dann suche dir

auf dem Friedhof einen Baum, vielleicht eine Erle, eine Eibe, einen Wacholder oder einen Holunder. Es sollte ein Baum sein, der dich innerlich anspricht und in dessen Nähe du dich wohlfühlst.

Nachdem du deinen Schutzkreis gezogen hast, kannst du Kali und den Feuergeist rufen, indem du das Grablicht anzündest und in Kontakt mit dem Element Feuer gehst. Du bittest den Feuergeist und Kali, dich darin zu unterstützen, das zu transformieren, was dir und deiner Lebenskraft nicht mehr dient.
Die Anrufung von Kali könnte lauten:

*»Kali, schwarze Mutter, die du alles verschlingst und neu gebierst, hilf mir, meine Absicht zu transformieren, zum Wohle aller Wesen. Hilf mir, meine Ängste zu überwinden und mich den Herausforderungen des Lebens zu stellen. Bereichere mich mit deiner Kraft, lehre mich, frei von Anhaftung zu sein und die Umstände zu verlassen, die mir meine Lebenskraft rauben. Mit der Kraft dieser kleinen Flamme soll alles gewandelt werden, was mir nicht mehr dient.«*

Das Feuerelement, dem Kalis Energie zugeordnet wird, hat, wenn wir mit ihm in Kontakt treten, die Eigenschaft, Dinge zu transformieren, damit nichts mehr so bleibt, wie es vorher war. Materie wird zu Asche. Asche wird zu Erde, oder die Asche verbindet sich mit der Luft, und wir können nicht mehr danach greifen. Das genau ist das Prinzip des Loslassens: Wir lassen es sein! Wir füttern unseren Geist nicht mehr mit den Dingen, die wir loslassen wollen, und geben sie frei. Wir erlösen unsere Gedanken und Handlungen von negativen Energien.

Alles, was wir verbrennen, geben wir an eine höhere transformierende Kraft ab. Gleichzeitig ist das Feuer wärmend und Licht spendend. Jedes Feuer bringt uns mit unserer archaischen Kraft in Verbindung. (Mehr zu Feuerkraft erfährst du bei der Göttin Hestia.)
Schaue einfach in die Flamme und blicke dich an dem Ort um, an dem du dich befindest. Du kannst jetzt Kali rufen und sie bitten zu kommen, dir dabei zu helfen, dich von etwas zu lösen, was du nicht mehr brauchst.
Nun kannst du Kali dein Leid klagen und ihr erklären, an welchem Menschen beziehungsweise an welchen Aspekten oder Eigenschaften eines Menschen, an welcher Situation oder welchem Ereignis der Vergangenheit du festhältst und dadurch deinen Erfolg in der Gegenwart verhinderst.
Loslassen geschieht, indem du deinen Verletzungen so lange nachspürst und alle Gefühle zulässt, die mit ihnen verbunden sind, bis die Gefühle langsam abebben.
Du kannst das, was dich schmerzlich bindet, auch einem höheren Bewusstsein übergeben, in diesem Falle Kali. Du bittest Kali, diese Dinge für dich zu transformieren.
Durch Loslassen wird es möglich, den Trauerprozess für einen vergangenen Verlust in der Gegenwart abzuschließen. Wenn du erkennst, dass das Festhalten einer alten Emotion nicht mehr funktioniert und destruktive Verhaltensmuster dich hindern, in deine Kraft zu kommen, dann ist Loslassen angesagt.
Wenn wir mit Kali in Kontakt treten, können wir all unseren Kummer in das Feuer fließen lassen. Die Flamme ist der Spiegel der Kraft von Kali.
Kali trinkt unsere Dämonen, egal, ob es sich bei den Dämonen um Scham, Zweifel, Sucht oder ein anderes Leiden handelt. Kali will nichts anderes, als dass du deine Weisheit und deine Macht entdeckst. Manchmal quälen unsere Dämonen

uns, es tut weh, es ist bitter, aber sei dir gewiss, es geht immer weiter, und das Leben bekommt wieder andere Schattierungen.
Wenn dir am Ende des Rituals danach ist, nimmst du die Schnur aus Wolle und die Schere und schneidest alle Verstrickungen auch symbolisch durch. Anschließend schüttelst du dich mindestens fünf Minuten durch und klopfst mit der Faust deinen gesamten Körper aus, damit du dich selbst wieder gut spüren kannst. Atme dabei kräftig aus.
Zum Schluss berühre den Friedhofsboden und sage dreimal laut:

*Ich lasse alles los, was mir und meiner Kraft nicht mehr dient.*
*Segen mit allem, was war.*
*Segen mit allem, was ist.*
*Segen mit allem, was kommen möge.*

Bedanke dich abschließend bei Kali und dem Feuergeist für ihre Präsenz und löse den Schutzkreis.

## KALI-MEDITATION: TANDAVA-TANZ

**Dauer:** 30 Minuten oder länger
**Unterstützend:** Ein bekanntes Mantra, das mit der Verehrung der Göttin Kali in Verbindung steht, ist das »Kali Mantra«: Om Kreem Kalikayai Namah. Dieses Mantra wird oft rezitiert, um Schutz vor negativen Energien zu suchen und die Energie von Kali anzurufen. Im Internet findest du passende Musik für diesen Tanz und das dazugehörende Mantra.
**Ort:** im geschützten, abgedunkelten Raum mit Musikanlage
**Wirkung: Meditation, um Grenzen zu setzen, Lebenskraft zu beleben**

Der Tandava-Tanz ist eine kraftvolle und dynamische Tanzform, bei der du die Göttin in dir wachrufst. Dieser Tanz hat die Kraft, dich zu transformieren. Richtig und mit Lust ausgeführt, bringt er dein Blut in Wallung und erweckt deine Lebensgeister.
Es gibt keine feste Choreografie, dein Körper kann sich ausdrücken, wie er mag. Schau dir vorher ein Bild von Kali an. Sie wird oft auf Leichen tanzend dargestellt, was ihre Macht zum Ausdruck bringt. Sie benutzt ihre Hände, um Schutzgesten auszuführen, sich gegen etwas zu wehren, oder sie winkt ihre Feinde herbei. Diese Gesten darfst du im Tanz nachahmen. Auch darfst du die Zunge herausstrecken gegen etwas, was dich zutiefst nervt. Betanze deine Wut, stampfe auf den Boden, schüttle deinen Körper durch und damit alles aus dir heraus, was dir nicht mehr dient. Bringe deinen heiligen Zorn zum Ausdruck. Lasse dein Haar wirbeln und erlaube dir, eckig und kriegerisch zu sein. Du musst weder schön noch besonders stylisch dabei aussehen. Bring eher deine Wildheit zum Ausdruck. In diesem Tanz drückst du deine zerstörerische Energie aus, die notwendig ist, um das Alte zu beenden und Platz für Neues zu schaffen.

**Abschluss und Dank**

Finde eine Geste des Dankes oder verneige dich am Ende des Tanzes vor der Kraft der Göttin und vor dir selbst.

# ARTEMIS/ DIANA

*Göttin der Jagd, des Mondes, des Waldes sowie der Geburt und die Schutzpatronin von Frauen und Kindern*

## EINBLICK IN DIE GRIECHISCHE MYTHOLOGIE

Artemis hat »berühmte« Eltern. Kein Geringerer als Zeus, der König aller Gottheiten auf dem griechischen Olymp, ist ihr Vater. Zusammen mit der Titanin, seiner Geliebten Leto, zeugte Zeus Zwillinge. Artemis' Zwillingsbruder war Apollo (Gott der Künste, des Bogenschießens, der Heilung und der Sonne). Das Geschwisterpaar repräsentiert Sonne und Mond. Seit jeher wird die »Mondin« als weiblich angesehen. Die Anziehungskraft des Mondes beeinflusst nicht nur die Gewässer, sondern auch die Gezeiten und den Zyklus der Frauen.

Artemis wuchs auf der Insel Delos auf. Man kann Artemis als eine Göttin der späteren Generation von Gottheiten bezeichnen, da sie an der Schöpfung der Welt nicht direkt beteiligt war.

Ihre Kindheit war von der Natur und der Wildnis geprägt. Auf Abbildungen finden wir sie als jugendliche Mond- und Jagdgöttin dargestellt, die durch Wälder streift, häufig umgeben von Nymphen, bewaffnet mit Pfeilen und einem silbernen Bogen, der auch die Mondsichel symbolisiert.

Der Mond als Lichtbringer in der Wildnis diente Artemis bei ihren Streifzügen durch die Nacht. Die Wassernymphen, die sie begleiteten, waren mit Gewässern wie Quellen, Flüssen oder Seen verbunden. Auch sie verehrten den Mond und galten als Beschützerinnen der Natur. Ihre Anwesenheit in den Geschichten von Artemis betont die Harmonie zwischen der Göttin und der Natur. Artemis' Revier waren die Bäume, Berge und Bärenhöhlen. Sie schützte die wilden Tiere.

Gleichzeitig war sie aber auch bei den Menschen beliebt. Sie galt als Geburtshelferin der schwangeren Frauen, obwohl sie selbst niemals gebar oder sich in einer Partnerschaft verband. Sie war immer keusch und galt als Beschützerin der Jungfräulichkeit. Eine heilige Jungfrau. Ihre Beziehung zu Männern war stets platonischer oder kämpferischer Natur. In diesem Zusammenhang galt sie als strenge Göttin. Sexualität war den Anhängerinnen dieser Göttin verboten.

Artemis zählt zu den zwölf großen olympischen Göttern. Als Artemis von Ephesos (heute Selçuk in der Türkei) wurde sie als turmhohe Fruchtbarkeitsgöttin dargestellt. Dieses Denkmal zeigte sie mit vielen Brüsten und ohne den sonst üblichen Bogen. Der Artemistempel von Ephesos galt als eines der sieben Weltwunder. Hier wurde Artemis von den Amazonen verehrt. Die Amazonen gelten der Sage nach als kriegerische, sich selbst regierende, mächtige und matriarchale Frauengemeinschaft. Sie verehrten Artemis als ihre Hauptgöttin. Ihr Kult in Ephesos war beeindruckend, und Artemis wurde von ihnen als eine vielschichtige Göttin verehrt. Sie galt den Amazonen als Schutzgöttin der Tiere, besonders der Hunde, Hirschkühe, Bären, Gämsen, Stiere und Eber. Ebenso galt sie als die Göttin des Nachwuchses von Tier und Mensch.

Ihre Liebe zur Wildnis verband Artemis mit den Tieren des Waldes. Ihnen zum Schutz nahm sie eine kriegerische Rolle an, nämlich, um diese zu verteidigen. Sie beaufsichtigte die Fortpflanzung und den Bestand der Tiere und Pflanzen. Somit sorgte sie für das Gleichgewicht in der Natur. Niemals tötete sie nutzlos. Ihre Weisheit äußerte sich in ihrer instinkthaften Wildnatur. Sie konnte mit ungezähmten Tieren kommunizieren und kannte die Geheimnisse der Wildkräuter.

Als Diana findet sie ihre Entsprechung in der römischen Mythologie – und als Wonder Woman zeigt sie sich uns heute in Hollywood.

## DIE STIMME DER GÖTTIN ARTEMIS

*Neun Tage lag meine Mutter in den Wehen. Sie kämpfte um ihr Leben bei unserer Geburt. Die Frau von Zeus, Hera, wollte unsere Geburt verhindern. Ich kam als Erstes zur Welt und war meinem Bruder Geburtshelferin. Poseidon bot meiner Mutter während der Geburt zum Schutz eine schwimmende Insel an. Seitdem sind mir die Wassernymphen treue Gefährtinnen.*

*Wer wie ich mit den Wunden der Geburt vertraut ist, möchte sich im Leben der Gebärenden annehmen. Ich bin die Schutzpatronin aller unschuldigen Kinder, auch derer mit einem weichen Fell. Ich wandere niemals allein durch die Wälder,*

meine Gefährtinnen sind die glasklaren Flüsse, die Bäume und die wilden Tiere. Ich tanze mit der Bärin und belle mit den Hunden. Die Wildnis ist meine Heimat, und der Wald ist meine Seele. Ich bin die Jägerin, die Waldweise, wachsam ziehe ich meine Kreise. Ich bin die grüne Frau, frei und unabhängig. Meine Witterung spürt die Freiheit. Meine Sinne sind stark ausgeprägt. Eigenmächtig trage ich Sorge für mein Reich. Kein Mann, kein Gott kann mich jemals besitzen. Nichts und niemand hält mich auf. Ich bin die Göttin der vielschichtigen Weiblichkeit. Ich befreie dich von deinen Fesseln! Frauen sollten keine ihnen aufgedrängten Rollen erfüllen. Frauen sind vielfältig, wild, mütterlich, kraftvoll, streng, verspielt, kriegerisch und stolz.
Vor vielen Monden wurde euch Frauen das Jagen und das Träumen verboten. Seitdem wankt das Gleichgewicht der Erde. Doch vergiss nicht: Nichts und niemand kann dir die Fülle deiner Persönlichkeiten nehmen, es sei denn, du verschenkst deine Macht! Wenn die Mondin deine Träume erhellt und die Tränen dein Gesicht reinwaschen, dann bin ich da. Setze dich auf den Waldboden, höre den Puls meiner Seele. Wiege dich mit dem Tanz der Bäume. In dir ist die Wildnatur lebendig, sie wirkt durch dich. Niemand hat das Recht, dich zu zähmen. Tausende Samen erblühen in dir, jeden Zyklus aufs Neue. Richte dich auf und aus, nur so kannst du den Pfeil der Erkenntnis führen. Zielsicher lebst du deinen Zauber. Ermächtige dich selbst und trage deine Bestimmung in deine Gemeinschaft. Entschlossenheit sollte deine Brust erfüllen. Betäube deine Sinne nicht durch Betonwände, traue dich, die wilde Göttin in dir zu leben.
In der Wildnis herrscht ein Gesetz: Wer kreativ ist und der Gemeinschaft dient, erblüht. Darum kröne dich selbst jeden Tag aufs Neue!

## DIE KRAFT DER GÖTTIN: WARUM SIE VON BEDEUTUNG FÜR UNS IST

Artemis spricht uns Frauen Mut und Selbstachtung zu. Wir brauchen die Kraft von Artemis, wenn wir Ideen in die Tat umsetzen wollen, wenn unserer Entschlossenheit ein Handlungsimpuls folgen soll. Nicht umsonst wurde Artemis von den mächtigen Amazonen verehrt. Artemis ist die Verkörperung aller Möglichkeiten des Weiblichen. Dabei ist sie dynamisch und nimmt verschiedene Gestalten an: Hebamme, Mondin, Schützin und Jägerin. Ihrer Kraft entstammt ihre Selbstliebe, und sie hat genug davon, um uns etwas abzugeben.

Mein Weg zu Artemis brauchte seine Zeit. Kompromisslos lehrte sie mich, meinen eigenen Weg zu gehen, ganz gleich, was die gesellschaftlichen Stimmen sagten. Insbesondere in Beziehungsstrukturen prüfte sie mich immer wieder: Wo fing ich an, Abhängigkeiten aufzubauen, und wo ließ ich mir meine Macht nehmen? Wann immer ich in ein Beziehungsmuster verwickelt war, das mich heimtückisch formen wollte, ging die Beziehung in die Brüche. Nun bewohne ich mein Waldreich mit meinen Tieren ganz für mich. Ich bin eine Jägerin (im übertragenen Sinne, nämlich beruflich selbstständig) und diene so meiner Gemeinschaft. Mein Freund kommt und geht. Solange unsere Liebe uns trägt, hat jeder sein eigenes Reich! Daran rüttele ich nicht mehr, da war mir Artemis eine gute Lehrerin.

Artemis ist die Göttin, die sagt: Du hast alles, was du brauchst, in dir. Vermähle dich mit dir selbst. Du bist den Männern ebenbürtig. Von Artemis können wir lernen, unsere eigenen Wege zu finden und unabhängig zu sein – das ist eines ihrer Geschenke an uns.

In unserer modernen Welt können wir die Jagd mit unserer Arbeit gleichsetzen. Somit ist Artemis eine Feministin der ersten Stunde. Als Frau kannst du auch für dich selbst Sorge tragen. Insbesondere für alleinerziehende Frauen oder Frauen ohne Partnerschaft ist Artemis die heilsame Erinnerung daran, dass Frau auch dann komplett, gut genug und richtig ist. Nicht jede Frau braucht oder will eine »bessere Hälfte«!

Diese Göttin war eine Einzelgängerin, und dennoch hatte sie Gefährtinnen an ihrer Seite. Sie wusste, dass sich kein Weg allein zu Ende gehen lässt, wenn wir nicht vorher für ausreichend Unterstützung gesorgt haben. Ihre Unterstützerinnen waren die Nymphen und Wildtiere.

Und welche Frau kennt es nicht: Freundschaften sind das Gold des Lebens. Darum können wir uns an Artemis wenden, um die Bedeutung von Gemeinschaft und Zusammenarbeit mehr schätzen zu lernen. Artemis ist auch die Beschützerin der Kinder und Tiere. Wir können von ihr lernen, für die Schwächeren und Schutzbedürftigen einzustehen.

Artemis ruft dich dazu auf, dein Leben als Jägerin zu betrachten und dich über die Begrenzungen des Alltäglichen hinwegzusetzen. Sie ermutigt dich, aus der gewohnten Routine auszubrechen und das Unbekannte zu erkunden. Lass dich von ihrer Inspiration dazu bewegen, das Mysteriöse zu erforschen und dich auf neue Erfahrungen einzulassen.

Leg sämtliche Vorsicht beiseite, verlasse dich auf deine Instinkte und vertraue auf deine Fähigkeiten, wenn es darum geht, dein Ziel zu erreichen. Verlasse dich nicht auf vorgefertigte Pläne und Karten anderer, sondern folge deinem eigenen inneren Kompass.

Ganz ohne gesellschaftliche Fesseln und kulturelle Anpassungen spiegelt Artemis deine wahre Natur wider und zeigt, wer du wirklich bist und sein wirst. Artemis erinnert uns daran, das strahlende Licht in uns zu erkennen, damit wir in voller Pracht leuchten können, ohne uns von den gesellschaftlichen Erwartungen einschränken zu lassen. Sie ermutigt uns, das Leben in vollen Zügen zu genießen, sich der Welt zuzuwenden und lang gehegte Träume Wirklichkeit werden zu lassen. Dein authentisches Leben lässt sich nicht in Schubladen stecken, es verlangt nach Freiheit. Ergreife mutig die Chance!

Um dieses Ziel zu erreichen, solltest du beginnen, nach deinen eigenen Werten und Leidenschaften zu suchen. Setze dir klare Ziele, die authentisch zu dir passen, und gehe Schritte, um sie zu verwirklichen. Sei mutig, stehe zu deiner Individualität und lasse dich nicht zu sehr von gesellschaftlichen Erwartungen beeinflussen. Pflege deine Selbstreflexion, um deine wahre Natur zu verstehen. Suche nach Unterstützung in Gemeinschaften oder bei Menschen, die deine Werte teilen. Sei geduldig mit dir selbst und feiere die kleinen Schritte auf dem Weg zu deinem authentischen Leben.

Auf diesem Weg sind die Wildnis, der Wald und jede Art von Anbindung an die Schönheit der Natur sehr wichtig, da die Natur uns hilft, uns zu erden und unsere Sinne immer wieder für das Wesentliche im Leben zu öffnen. Es ist deine Aufgabe, deine Lebendigkeit zu hüten und dich ihrer nicht selbst berauben zu lassen.

## ALTAR ZU EHREN DER GÖTTIN ARTEMIS

Beim Altar einer Waldgöttin darf das Grün nicht fehlen! Tobe dich aus! Alles, womit dich die Natur und der Wald beschenken, kann diesen Altar schmücken: von Zapfen über Baumrinde bis hin zu Farnen und Moos. Auch Tierfelle und Knochen dürfen den Artemis-Altar verzieren. Du kannst auch Pfeil und Bogen, einen Speer oder einen Zauberstab bereitlegen. Ein Symbol für die Mondsichel oder den Vollmond kann ebenso Teil des Dekors deines Altars sein.

## MOMENTUM: DER OPTIMALE ZEITPUNKT FÜR DIESES MAGISCHE RITUAL

Zur Frühlingstagundnachtgleiche, wenn die Natur in allen Farben und ihrer ganzen Pracht erwacht und die Tiere ihre Brut- und Setzzeit haben, kannst du gut mit Artemis in Verbindung treten. Wenn die Kräfte der Natur erwachen, fällt es auch uns leichter, unsere Vorhaben anzupeilen.

Bei jeder Geburt kann ein Schutzgebet an Artemis gesprochen werden. Jeder Vollmond eignet sich als Anrufung. Der Vollmond repräsentiert die volle Pracht und das helle Licht des Mondes, was mit Artemis' Rolle als Lichtbringerin und Beschützerin der Natur harmoniert.

**Tipps für den Alltag:** Bogenschießen, Dartspielen und Outdoorspiele wie Paintball können dir helfen, dich mehr mit den Eigenschaften von Artemis zu verbinden. Auch Waldspaziergänge, Tierbeobachtungen und Geocaching bringen dich Artemis näher. Ein nächtlicher Vollmondspaziergang kann deine spirituelle Erfahrung vertiefen helfen. Bringe ein symbolisches Opfer dar, das die Göttin ehrt, indem du zum Beispiel Müll in der Natur aufsammelst. Falls es dich ruft, kannst du auch bei einem Feuerlauf mitmachen, um deine persönlichen Ängste zu überwinden.

## PFLANZLICHE VERBÜNDETE DER GÖTTIN: ARTEMISIA-ARTEN

Artemis trägt die Verantwortung für das Gedeihen von Pflanzen und deren Fruchtbarkeit. Der Frühling als Jahreszeit des prachtvollen Erblühens unterstreicht die magische

Aura von Artemis, die nicht nur als Beschützerin der Natur, sondern auch als Göttin der Zauber wirkenden Wildkräuter und Bäume gilt. Die Göttin liebt bunte Blumenwiesen, durchmischt mit Wildkräutern.

Die Sammlung magischer Kräuter erfolgte früher bevorzugt bei Mondschein. Auch wurden sie oft unter dem sanften Licht des Mondes getrocknet.

Auf diversen Abbildungen der Göttin Artemis sind Wildkräuter und Bäume dargestellt. Zu ihren Bäumen gehören die immergrünen Zypressen, die unverwüstliche Eiche, der Zauber bringende Nussbaum oder der nährende Olivenbaum.

Zu den Wildkräutern der Artemis zählen alle Artemisia-Arten, was sich darin zeigt, dass ihre botanischen Namen den Namen der Göttin tragen. Auf drei Artemisia-Arten will ich kurz eingehen, da sie für uns Frauen von besonderem Wert sind.

**Beifuß** (lat. *Artemisia vulgaris*): Der gewöhnliche Beifuß, der gerne am Wegesrand und an Ufern von Bächen und Flüssen wächst, gilt seit jeher als eine heilsame Wildpflanze bei Frauenleiden. Er fördert den Blutfluss in der Menstruation, hilft, dass sich die Geburt beschleunigt und die Nachgeburt ausgetrieben wird. Außerdem kann Beifuß auch bei Unfruchtbarkeit helfen. Als Küchenkraut macht Beifuß besonders fettige Speisen bekömmlicher.

Beifuß ist eine alte europäische Räucherpflanze, die für Schutz und gegen schlechte Energien geräuchert wird, zum Beispiel auch bei der Geburt.

**Einjähriger Beifuß** (lat. *Artemisia annua*): Der einjährige Beifuß hat in den letzten Jahren an Beliebtheit gewonnen, weil er stark gesundheitsfördernde Inhaltsstoffe besitzt. Er wirkt beispielsweise antibakteriell, antiviral, antioxidativ sowie immunstimulierend. Sein Wirkstoff *Artemisinin* hat ein großes Wirkungsspektrum. Er wird bei Infektionskrankheiten und Malaria eingesetzt.

Sein hoher Wert an Antioxidantien verschafft uns Frauen einen inneren Schutzschild gegen die schädlichen Einflüsse einer toxischen Umwelt.

**Wermutkraut** (lat. *Artemisia absinthium*): Der »bittere Beifuß« wird in Mitteleuropa seit jeher als Arznei- und Gewürzpflanze kultiviert. Er gehört zu den Schutzpflanzen im Kindbett. Deshalb nannte man den Wermut früher auch »Wiegenkraut«. Er wurde den Neugeborenen mit in ihr Bettchen gelegt und sollte ihnen einen sicheren Schlaf bescheren, indem er das gruselige »Nachtvolk« fernhielt.

**Beifußtee**

Alle diese Heilpflanzen können sowohl als Tinktur, zum Räuchern als auch als Tee zubereitet werden (bei einer Beifuß-Allergie bitte nur damit räuchern und nicht innerlich einnehmen!). Zur Teezubereitung solltest du einen Teelöffel Kraut je Tasse mit kochendem Wasser übergießen und den Tee 10 bis 15 Minuten ziehen lassen.

Zur Appetitanregung kannst du einmal täglich eine halbe Stunde vor den Mahlzeiten eine Tasse Tee ungesüßt und gut warm trinken.

Bei Verdauungsbeschwerden trinke den Tee nach dem Essen.

Ich persönlich finde, dass Artemis in vielen Wildpflanzen zu erkennen ist: wie zum Beispiel in der Silberdistel, deren silbriges Kraut der Mondkraft zugeordnet wird. Auch beim Reiben von Waldmeister nehme ich den Duft der Göttin wahr. Diese so zarte Pflanze scheut keinen Schatten! Und im Sternenmoos fühle ich die sanfte Weichheit von Artemis' Kraft.

## ARTEMIS-RITUAL: VISIONSPFEILE ERSTELLEN

**Dauer:** ca. 1 Stunde
**Ort:** im Wald oder in einer naturnahen Atmosphäre bei dir zu Hause
**Utensilien:** Stock und Schnitzmesser, gerne etwas von der Beifußpflanze (Kraut, Wurzel, ein Bild ...)
**Intention: Aufbruch zu einem neuen Entschluss - Erstellen deines Artemis-Visionspfeils**

Mache vor dem Ritual einen Naturgang und finde einen Stock oder Ast, der zum Schnitzen geeignet ist. Wenn du einen passenden Stock/Ast gefunden hast, begebe dich zum Ritualort und ziehe den Schutzkreis. Bereite dich mental auf deine Vision vor. Atme tief ein und aus, um dich zu zentrieren. Beginne das Ritual mit der Anrufung der Göttin Artemis:

*»Artemis, erhabene Jägerin und Beschützerin der Wildnis, höre mein Gebet. In deinem Licht suche ich Führung und Stärke. Segne mich mit deinem Beistand, während ich meinen eigenen Weg durch die natürlichen Gefilde des Lebens finde.«*

Sprich deine Absicht aus und bitte um Artemis' Anwesenheit und Führung.

Anschließend errichte eine Schwelle mit natürlichen Elementen wie Blättern, Steinen oder Blumen. Die eine Seite der Schwelle repräsentiert deine Gegenwart mit allem, was ist, und die gegenüberliegende Seite repräsentiert, wohin du gehen willst.
Aus der Sicht deiner Gegenwart stellst du dir folgende Fragen: Was hilft mir, in meine Kraft zu kommen? Welche Vision oder welchen Wunsch möchte ich verwirklichen? Welches Projekt liegt mir am Herzen? Wohin möchte ich aufbrechen? Was will ich wirklich erreichen?
Formuliere dein Ziel so klar wie möglich!
Wenn du diese Fragen beantwortet hast, fängst du an, den Ast zu einem Pfeil zu schnitzen. Du kannst den Pfeil auch bemalen, schmücken oder beschreiben. Er ist dein Visionspfeil! Er dient dir als Erinnerung daran, deinem Vorhaben treu zu bleiben.
Wenn du so weit bist, stellst du dich an die Schwelle, mit dem Visionspfeil in der Hand. Vergegenwärtige dir noch einmal, woher du kommst und wohin du gehen möchtest. Nun machst du einen Sprung über die Schwelle und nimmst deinen Visionspfeil mit. Auf der anderen Seite gehst du bewusst in das Gefühl, dass du dazu bereit bist, alles zu tun, um deine Vision zu verwirklichen.

Beende das Ritual, indem du den Schutzkreis löst und Artemis für ihre Anwesenheit dankst. Verabschiede dich bewusst. Nimm das Gefühl der Vorfreude mit. Es darf sich etwas zu deinen Gunsten verändern.

## ARTEMIS-MEDITATION: REISE ZUM PFLANZENGEIST

**Dauer:** mindestens 20 Minuten
**Unterstützend:** Musik mit Naturklängen, Beifußtee oder -räucherung vorweg
**Ort:** ein ruhiger Ort in der Natur, umgeben von Beifußpflanzen, oder ein ungestörter Raum drinnen
**Wirkung: Meditation, um die Sinne zu schärfen, die Verbindung zur Wildnatur zu intensivieren**

### Einstimmung

Zur Einstimmung kannst du einen Beifußtee trinken oder etwas Beifußkraut kauen. Vielleicht magst du das Kraut auch räuchern.

### Ankommen

Setze dich bequem hin und schließe die Augen. Zu Beginn deiner Meditation nimm einige tiefe Atemzüge, um dich zu entspannen. Spüre, wie du mit jedem Atemzug ruhiger wirst.

### Visualisierung

Stelle dir vor, wie aus deinem Körper Wurzeln in die Erde wachsen. Diese Wurzeln verbinden dich fest mit der Erde, spüre ihre Kraft und Stabilität. Fühle die Winde flüstern und die Beifußpflanze sich sanft im Tanz wiegen.
Dann gehe in Kontakt mit der Pflanze. Wenn du sie vor dir siehst, öffne deine Augen, vor dir entfaltet sich das Reich des Beifußes. Sein silbrig grünes Blattwerk spiegelt das Licht des Mondes wider.
Nimm die Formen, Farben und Bewegungen der Pflanze wahr. Fühle die Präsenz des Beifußes um dich. Spüre die

sanfte Berührung des Pflanzengeistes, dessen betörender Duft deine wilde Lebenskraft weckt.
Falls du den Tee getrunken hast, fühle die Wirkung im Körper. Fühle, was der Beifuß mit deinem Speichel macht. Wo nimmst du die Präsenz der Pflanze in deinem Körper wahr?
Lege eine Hand auf dein Herz und spüre, wie sich dein Herzraum öffnet. Er ist dein lebendiges Zentrum. Lasse es sich öffnen wie die Blüten des Beifußes im Sonnenlicht. Liebe und Dankbarkeit erfüllen diesen Raum.
Lasse Liebe und Dankbarkeit für den Beifuß in dein Herz fließen. Stelle dir wieder vor, wie der Geist des Beifußes vor dir erscheint. Sei achtsam, spüre jegliche Empfindungen, nimm Bilder oder Botschaften wahr, die sich dir mitteilen könnten. Vielleicht siehst du Artemis selbst? Wenn du magst, kommunizierst du mit dem Pflanzengeist und bittest in Stille um Weisheit oder Führung. Sei bereit, die Antworten auf intuitive Weise zu empfangen. Vielleicht landen sie wie sanfte Blütenblätter auf deiner Seele, oder du nimmst den Klang der Natur bewusster wahr.

**Abschluss und Dank**

Zum Abschluss bedanke dich beim Pflanzengeist für seine Präsenz und Weisheit. Fühle, wie sich die Energie des Beifußes mit deiner eigenen verbindet. Die Wurzeln ziehen sich zurück, und du spürst die Erdung im Hier und Jetzt. Falls du die Augen geschlossen hast, dann öffne sie jetzt.

♀

# APHRODITE/ VENUS

*Göttin der Liebe, der Fruchtbarkeit, der Schönheit und der sinnlichen Begierden*

## EINBLICK IN DIE GRIECHISCHE MYTHOLOGIE

Wer hätte nicht gerne eine Liebesgöttin zur Tochter? In der griechischen Mythologie hat die Göttin Aphrodite gleich mehrere Eltern, ihre Abstammung bleibt ihr Geheimnis. Einerseits gilt sie als Tochter von Zeus und der Meeresnymphe Dione. Andererseits heißt es, dass sie die Tochter des Uranos (Himmel) und der Gaia (Erde) sei. Dieser zweite Geburtsmythos ist sehr schicksalsträchtig. Ihr Vater Uranos verliert im Kampf gegen seinen Sohn seinen Phallus, der daraufhin in den Fluten des Meeres versinkt. Sein Blut und die Samen vermischen sich mit dem Meer, welches ringsum aufschäumt, und daraus steigt die »schaumgeborene« Göttin auf. Sofort nach ihrer Geburt ist sie schön und eigenmächtig, die personifizierte Liebe, eine sinnliche Verführerin, die uns Frauen an die Schönheit und die Hingabe erinnern soll.

Die Herkunft von Aphrodite reicht weiter zurück als in die griechische Antike. Sie wird mit diversen älteren Göttinnen gleichgesetzt: wie zum Beispiel mit der Göttin Ishtar oder Inanna. Aphrodite hat viele Gesichter, und sie ist weitaus mehr als nur eine Göttin der Liebe. Sie reiht sich in die göttliche Urmacht ein, die alles in sich birgt: die Geburt, das Leben, den Tod und auch die Wiedergeburt.

Eigentlich kann man Aphrodite als »Zuwanderin« bezeichnen, da die Griechen sie zunächst auf Zypern als Astoreth/Astarte (altorientalische Göttin) kennenlernten und sie später erst Einzug in das griechische Pantheon hielt. Doch hier soll der Fokus auf die antike Göttin Aphrodite/Venus gerichtet sein. Als Venus wird sie auch »die Goldene« genannt und als hell leuchtender Morgen- und Abendstern verehrt.

Ursprünglich war Aphrodite nicht nur eine Liebesgöttin, sondern auch eine kriegerische Göttin. Doch der Olymp hatte bereits Artemis und Athene als Frauen, die mit der Kriegsführung und -taktik vertraut waren. Es mangelte ihnen an einer Göttin der Liebe. Somit wurde Aphrodite ein Teil ihrer Macht abgesprochen. Indem aber die Kriegskunst von der Liebe getrennt wurde, wurde nicht nur Aphrodites Macht geschmälert – diese Trennung hatte auch weitreichende Folgen für das Verständnis von Kriegen bis in unsere heutige Zeit.

Trotz dieser Beschneidung gehört Aphrodite zu den zwölf Hauptgottheiten auf dem Olymp. Zeus, der Göttervater, war sich ihrer Stärke bewusst und erkannte die Herausforderungen, die ihre betörende Schönheit mit sich bringen würde. Niemand konnte Aphrodite widerstehen, weder Gottheiten noch sterbliche Frauen und Männer. Nur Athene, Hestia und Artemis ließen sich nicht von Aphrodite beeindrucken, weil sie sich der Jungfräulichkeit verschrieben hatten.

Deshalb wurde Aphrodite – gegen ihren Willen – von Zeus mit dem lahmen und verkrüppelten Hephaistos, dem Gott der Schmiedekunst, vermählt. Doch eine Göttin der Liebe lässt sich an keinen Mann binden. Aphrodite war einzig und allein der Liebe verpflichtet. Trotz ihrer Vermählung ging sie Liebesbeziehungen mit anderen Göttern, Halbgöttern und Sterblichen ein. Als fruchtbare Göttin in ihrer vollen roten Kraft gebar sie ein Dutzend Kinder, von denen keines von ihrem Gatten gezeugt worden war. Aus diesem Grund wurde sie auch als Göttin der Fruchtbarkeit verehrt.

Ihre wohl längste Liebesbeziehung führte Aphrodite mit dem Gott des Krieges, Ares. Die Frucht dieser Liebschaft war niemand anderes als ihr Lieblingssohn Eros oder Amor, der Gott der sexuellen Leidenschaft. Er entscheidet mit seinem berühmten Pfeil und Bogen über das Glück und Unglück in der Liebe.

Aphrodite wird oft mit einer Muschel, einer Taube, einem Apfel oder einem Schwan dargestellt. Hephaistos beschenkte sie mit einem magischen Gürtel, der ihr noch mehr unwiderstehliche Anziehungskraft verlieh.

Aphrodite steht für die freie Liebe und erinnert uns bis heute an die Wallungen der Liebe. Man kann Aphrodite nicht zwingen, sie muss frei bleiben, sonst entzieht sie sich. Das bedeutet für uns, dass wir die Liebe nicht erzwingen können, weil sie sich sonst entzieht.

Aphrodite steht generell für die Leben spendenden Elemente in der Natur, vornehmlich für das Wasser, ohne das nichts existieren würde. Welle für Welle verströmt sie ihre Wirkung. Aphrodites Verbindung zum Meer findet sich in ihren unterschiedlichen Bezeichnungen wieder. Sie wird

»die aus dem Salz Geborene« oder »die aus dem Meer Aufsteigende« oder »die von Muscheln Getragene« genannt.

Aphrodite ist die weltweit bekannteste Göttin in Frauengestalt, und noch heute wird sie gerufen, um Beistand zu leisten in Liebesangelegenheiten, für Fruchtbarkeit und für die Erweckung der sinnlichen Lüste. Zu ihrer Verehrung wurde die Erotik in Lusttempeln gelebt. Zur Luststeigerung wurden »Aphrodisiaka« hergestellt aus psychoaktiven oder erotisierenden Pflanzen wie zum Beispiel Lilie, Myrte, Rose, Linde, Zypresse, Mohn und Anemone. Ihr intensiver Duft oder ihre Form wurden mit Aphrodite in Zusammenhang gebracht und zu ihren Festen verwendet.

## DIE STIMME DER GÖTTIN APHRODITE

*Komm mit, lass uns abtauchen in die Bewegungen des Meeres, auf und ab, vor und zurück. Wiege dich sanft und langsam - oder magst du es schnell und wild? Diese unendliche Bewegung, die alle Säfte ins Fließen bringt. Wiege dich weiter, auf und ab, bis du überschäumst vor Wonne. Schau her, dort, wo das Meer die Erde berührt, schäumt es auf, so wie viele kleine Lusttropfen. Ist dir aufgefallen, dass du, wo auch immer du genau hinguckst in der Natur, meinen Schoß erkennst? Ich bin in den Meeresmuscheln, im Innern süßer Früchte, in den großen und kleinen Ritzen der Natur und in der Rosenblüte. Meine Liebe - sie durchdringt alles!*

*Götter und Menschen, sie versuchen mich zu begreifen, doch es gelingt ihnen nicht. In meinem Namen entflammen Kriege, das Missverstehen meiner Idee setzt sich fort. Die Menschen schmälern meine Macht, als ob ich eine Laune ihrer Gefühlswelt wäre. Sie unterteilen mich in platonische, mütterliche, sexuelle oder vergeistigte Liebe. Liebe ist Liebe! Ich bin kein einzelnes Gefühl, jedoch bin ich der Motor all eurer Gefühle. Ohne mich erkaltet ihr, werdet blind und stumpft ab. Kostet ihr von meiner Zuwendung und sagt »Oh ja«, dann weichen eure Herzen auf, und alle Farben der Welt erstrahlen.*

*Von all den Göttinnen werde ich diejenige sein, nach der ihr euch am meisten sehnt, denn ohne mich wird das Leben trostlos. Ich bin das Grundgesetz aller Lebendigkeit. Begrenzt ihr mich nur auf meine Schönheit, dann kostet ihr nur von meiner Haut, mein Tempel wird euch dann verborgen bleiben. Ich reichere euch an, wenn ihr eure Freude nährt! Und die Freude, sie findet in allem Ausdruck: in der Berührung, in der Kunst, im Liebesakt, im Anblick fliegender Schwäne oder im Lachen der Kinder. Meine Hände sind stets offen, ich reiche euch Mitgefühl und Mitfreude, damit ihr die Melodie des Lebens kennt. Ich bin eine zärtliche Göttin. Voller Zuneigung, Hingabe und Fürsorge diene ich der Empfängnis. Gibt es etwas Wundervolleres, als dass die Lebendigkeit fortgepflanzt wird? Ich beflügle die Welt mit Freundlichkeit und prickelnder Anziehung, sodass ihr euch immer wieder in Beziehung setzt. Es lässt sich an den Menschenkindern verzweifeln, doch ich werde nicht müde und lege meine Liebe als Samen in alle Herzen.*

*Nun komm noch etwas näher, lass dich von der Liebe verführen, damit du dich liebestrunken der Welt verschenken kannst. Lass dir nichts Falsches einreden, Hingabe und Leidenschaft sind etwas Erhabenes, der Liebesakt ist heilig! Verkläre deine Sinne nicht, nutze sie, ehre deine Instinkte. Sinn und Sinnlichkeit sind sich nah.*

*Weine, lache, fühle, lasse dich vom Leben durchtränken, nur so begreifst du, dass jeder Augenblick deiner Lebendigkeit Ekstase ist!*

## DIE KRAFT DER GÖTTIN: WARUM SIE VON BEDEUTUNG FÜR UNS IST

Es gibt sehr viele Gründe, warum wir uns an die Göttin der Liebe wenden sollten. Aphrodite ist eine unwiderstehliche, kraftvolle, eigensinnige, selbstständige und selbstbestimmte Göttin, von der wir Frauen viel lernen können. Durch Aphrodite wissen wir, dass selbst die Götter im Olymp nicht vor menschlichen Vorlieben und Neigungen gefeit waren. Aphrodite lässt sich nicht beirren! Sie steht nackt da, schamlos, unbewaffnet – und weiß um ihre Macht! Sie bestimmt selbst, was sie für ihr Wohlbefinden braucht. Sie ist niemandem zugehörig. Geführt wird sie von der Weisheit ihrer Hüften und ihres Herzens! So wie sie eigenmächtig aus den Tiefen des Ozeans emporgestiegen ist, lehrt sie uns Hingabe an das Prinzip der Lebendigkeit. Von ihr können wir lernen, uns selbst treu zu bleiben, ganz gleich, welcher Herkunft wir sind.

»Unrein« oder »rein«, ohne Zwang zur Moral steht sie da und sagt: »Liebe sich, wer kann!« Für sie ist die Unterscheidung von »rein« und »unrein« ein unsinniges Unterfangen, da wir Menschen immer ein Gemisch aus Licht und Dunkelheit sind. Unser Leib ist lebendige Erde, und diese Erde ist dunkel, wild, fruchtbar und feucht! Wir brauchen die Sonne, damit wir erwachen, erstrahlen und uns verströmen.

Jenseits von Richtig oder Falsch, lehrt Aphrodite uns, dass die Liebe eine der wichtigsten Arzneien der Welt ist. Wir können unsere Liebe und Lust durch Sex ausdrücken, müssen es aber nicht! Sexualität dient zu weit mehr als nur zur Befriedigung unserer Lust. Sexualität ist auch eine Quelle von tiefgehender Intimität und transzendenter Erkenntnis und lässt unsere Kreativität übersprudeln.

Führt unser Eros uns in die »All-eins-sein«-Verbundenheit mit der ganzen Schöpfung, dann sind wir frei und unabhängig. Wir können die Welt als einen sinnlichen Ausdruck kreativer Stärke erfahren, indem wir bewusst im Hier und Jetzt leben. Das bedeutet, die Sinne zu öffnen, die Schönheit in uns zu erkennen, Verbindungen zu anderen Menschen einzugehen und kreativen Ausdruck in verschiedenen Formen zu finden. Durch Achtsamkeit, Neugier und Offenheit können wir die Welt intensiver erleben und ihre kreative Energie für uns nutzen.

Sexualität ist eine Kraftquelle, die unsere Vitalität stärkt. Überall in der Natur bestimmt das sexuelle Verhalten das Leben von Menschen, Tieren und Pflanzen. Sie ist die natürlichste Triebfeder des Lebens und steuert alle wichtigen Prozesse von der Nahrungsbeschaffung bis hin zur Fortpflanzung. Unsere Lust steigert unsere Lebensfreude, harmonisiert Stress, verbessert depressive Stimmung, reduziert Schmerz, und manchmal verschwinden sogar Krankheiten wie von Zauberhand, wenn wir verliebt sind.

Doch im Hamsterrad des Alltags kommt gerade dieser Aspekt des Lebens zu kurz. Erschöpfung und Funktionieren lassen oft nicht viel Raum für die Erotik des Lebens. Leben wir in einer festen Partnerschaft, dann fliegen über die Jahre weniger Schmetterlinge im Bauch. Wechseln wir häufig unseren Liebespartner, dann kommt es nicht selten vor, dass frau sich eine Schutzmauer aufbaut, um nicht verletzt zu werden. Sind wir freiwillige Eremitinnen, dann braucht es ganz andere Lockmittel, um unsere Lust zu entfachen. Doch gerade im Auf- und Abebben der emotionalen Wellen hilft uns Aphrodite mit ihren Verzauberungskünsten.

Sie erinnert uns daran, mit allen Sinnen lustvoll anwesend zu sein! Denn nur so sind wir in der vollkommenen Präsenz des gegenwärtigen Augenblicks, ohne uns in Vergangenheit oder Zukunft zu verlieren. Wir können lustvoll Eis schlecken, uns selbst befriedigen, mit einem Menschen flirten, in den Spiegel schauen und uns zulächeln. Aphrodite sagt uns: »Nimm das Leben spielerisch an!« Als Göttin der Fruchtbarkeit und mehrfache Mutter weiß sie um die mütterliche Fürsorge, die frau sich selbst geben sollte.

Aphrodite praktiziert Selbstliebe, sie sagt: »Pflege dich, nimm ein schönes Bad, erwecke deine Lust aufs Leben. Trau dich, dieses schöne bunte Kleid anzuziehen!« Doch wir Frauen wissen, dass sich in Selbstliebe zu üben ein lebenslanger Weg ist. Sich selbst zu lieben oder in sein eigenes Leben verliebt zu sein, stellt uns vor große innere und äußere Herausforderungen. Darf ich mich selbst lieben? Steht es mir zu? Was denken andere von mir? Werde ich zu egozentrisch? Darf ich glücklich sein, während andere Kummer haben? Selbstliebe und das nötige Selbstbewusstsein dazu sind uns Frauen nicht immer in die Wiege gelegt. Wuchsen wir in nicht intakten Familienverhältnissen auf, dann kann ein Zugang zur Selbstliebe darin bestehen, uns wohlwollender zu betrachten, als wir es von unseren Eltern gewohnt sind.

»Lieben« ist ein Tätigkeitswort, somit will (Selbst-)Lieben immer wieder neu geübt werden. Besonders dann, wenn wir uns schwach, nicht schön und verletzlich fühlen.

Doch Aphrodite sagt uns: »Schluss mit der Trübsal! Liebe ist überall, du bist eine schöne Frau. Deine Körperlandschaft ist ein Tempel. Verändere die Art und Weise, wie du dich betrachtest, und die Dinge, die du betrachtest, ändern sich. Mache dir und anderen Komplimente!«

Die Pflege unserer Schönheit ist Ausdruck von Selbstfürsorge. Schließlich hast du mindestens vierzehn Stunden am Tag ein Date mit dir! Ab und an ist es wichtig, die Alltagsroutine zu durchbrechen, um Raum zu schaffen und das sinnliche Leben zu genießen.

## ALTAR ZU EHREN DER GÖTTIN APHRODITE

Alles, was du als sinnlich empfindest, kann den Altar für Aphrodite schmücken. Rote Tücher stehen für die rote Kraft der Göttin. Feigen, ein Lustspielzeug, Blumen, Muscheln, Herzen, Schwanenfedern, rote Äpfel, eine Schale mit Salzwasser – alles das passt zu Aphrodite. Salz wurde bei den antiken Griechen mit Fruchtbarkeit und Fortpflanzung assoziiert, darum wird Aphrodite auch manchmal mit Salzsäckchen in der Hand dargestellt. Vielleicht kommt daher auch die Redewendung, man sei verliebt, wenn zu viel Salz in der Suppe ist. Darum sollte eine kleine Schüssel mit Meersalz nicht fehlen.

Was drückt deine Liebesfähigkeit als Symbol aus? Was erinnert dich an deine Selbstliebe? Vielleicht ist es ein Kosmetikspiegel, ein roter Lippenstift, ein schönes Kleid? Welches Liebesgedicht bringt dich zum Schmelzen? Mit all dem kannst du diesen Altar zu Ehren deiner selbst und der Göttin schmücken.

## MOMENTUM: DER OPTIMALE ZEITPUNKT FÜR DIESES MAGISCHE RITUAL

Der Freitag gilt als Tag der Liebesgöttinnen und wird in der Astrologie auch dem Planeten Venus zugeordnet. Ebenso gilt der Freitag als Tag der Venus.

*Aphrodisia* war im antiken Griechenland die allgemeine Bezeichnung für ein Fest zu Ehren der Göttin Aphrodite. Man weiß heute nicht mehr genau, an welchem Tag dieses Fest gefeiert wurde. Doch da die Göttin bis heute so beliebt ist, gibt es ihr zu Ehren gleich mehrere Tage, an denen an sie erinnert wird:

Am 18. März feiern die US-Amerikaner den Tag der Fruchtbarkeitsgöttin (engl. *Goddess of Fertility Day*) – stellvertretend für viele andere Fruchtbarkeitsgottheiten –, insbesondere aber für Aphrodite.

Am 9. März wird der Festtag der Göttin Aphrodite vor allem auf Zypern gefeiert. Ein guter Tag für traditionelle Liebesrituale mit dem Wunsch nach einer Partnerschaft. Für alle, die das Glück in der Liebe schon gefunden haben, sind diese Tage gute Tage, um das Liebesglück zu stärken und gemeinsam zu feiern. Vielleicht planst du ein romantisches Abenteuer mit sinnlichen Speisen, einem Liebestrank oder einem gemeinsamen Bad bei schummrigem Kerzenlicht. Genießt du dich als selbsterfüllte Frau, dann feiere an diesem Tag den Erfolg aller deiner Verbindungen oder deine Lieblingspaare.

Am 1. April (lat. *Aprilis*) wurde im alten Rom *Veneralia,* das Fest der Venus, gefeiert: In den öffentlichen Bädern von Rom badeten die Frauen mit Myrtenkränzen geschmückt. Generell ist der 1. April ein guter Tag, an dem Frauen die göttliche Hilfe für ihr Liebesleben erflehen können.

Am 14. Februar wurden im antiken Rom die *Luperkalien* gefeiert: ein Fest der Fruchtbarkeitsriten und zu Ehren natürlicher Hitze, der Paarungsbereitschaft in der Natur, insbesondere bei den Wölfen. *Lupus* ist der Wolf, ein heiliges Tier, das die Fortpflanzung in der Natur symbolisiert. Die Luperkalien bildeten den Ursprung des *Valentinstags.* Damals feierten die Menschen ihre Sexualität und Anziehungskraft: Junge Mädchen schrieben ihre Namen auf Papyrusstreifen und legten sie in eine Schüssel. Junge Männer zogen dann den Namen, um ihre Gefährtinnen für den Tag auszuwählen. Diese Begegnungen konnten zu Verliebtheit, Ehe oder einfach schönen Erinnerungen führen. Nur die Göttin Aphrodite und ihr Sohn Eros wussten um die Geheimnisse dieses Tages.

Am 30. April findet das *Jahreskreisfest Beltane* statt, ein Fest der heiligen Vereinigung zwischen Himmel und Erde. Es wurde seit jeher als eine wilde Nacht mit sexueller Huldigung gefeiert. Die Kelten glaubten, dass die Natur die sexuelle Energie der Menschen schätzte, die ihr auf den Feldern dargebracht wurde. Gleichzeitig sollte die Fruchtbarkeit des Korns, der Tiere oder der menschlichen Gemeinschaft angeregt werden.

Auch der 21. Juni mit der *Sommersonnenwende* eignet sich schließlich als Fest, um mit der Liebesgöttin in Kontakt zu kommen und um die wilde, feurige, lustvolle Lebendigkeit zu feiern.

Du siehst: Es gibt viele Tage im Jahr, an denen man die Liebe feiern kann!

## PFLANZLICHE VERBÜNDETE DER GÖTTIN: APHRODISIAKA

Aphrodisiaka sind »Liebesmittel« oder »Lustpflanzen«, die der Anregung oder Stimulierung der Libido dienen. Einige Lebensmittel gelten aufgrund ihrer Form, ihres Duftes oder ihrer historischen Bedeutung als aphrodisierend. Dazu gehören Schokolade, Austern, Erdbeeren, Himbeeren, Mandeln, Bananen und Spargel. Ebenso wurden verschiedene Kräuter und Gewürze im Laufe der Geschichte als Aphrodisiaka betrachtet, wie beispielsweise Zimt, Ingwer, Safran und Vanille.

Viele »Liebespflanzen« und ätherische Öle gelten als Pflanzen der Göttin Aphrodite. Um nur einige zu nennen: Anemone, Rose, Zypresse, Linde, Myrte, Apfel, Alraune, Dost, Mohnblüte, Lotus, Myrrhe, Nelke, Wasserminze, Petersilie, Veilchen, Lavendel und Granatapfel.

Da man ein ganzes Buch allein über diese »Lustpflanzen« schreiben könnte, möchte ich mich hier auf ein Aphrodisiakum aus meiner persischen Heimat beschränken, das ich dir mit auf den Weg geben möchte. Es besteht aus Granatapfel und Rosen.

***Granatapfel-Rosen-Julep***

Dieses Julep erquickt die Lebensgeister, regt die Libido an und wirkt antioxidativ. Julep sollte frisch zubereitet und eher kühl getrunken werden.

**Zutaten**

1 Liter Granatapfelsaft
100 ml Rosensirup
50 ml frischer Grapefruitsaft
(Honig und Eiswürfel nach Belieben)

Die **Zubereitung** ist ganz einfach: Man mischt die Zutaten in einer Kanne und gibt nach Belieben etwas Honig hinzu. Gerne mit Rosenblüten, frischen Minzblättern oder Granatapfelkernen dekorieren.

## APHRODITE-RITUAL: HERZWÄRTS

**Dauer:** ca. 1 Stunde
**Ort:** ein ungestörter Platz
**Utensilien:** viele bunte Blüten, Blätter, Zettel in Form von Herzen, ein Stift und eine Sitzunterlage
**Intention: die Fülle der Liebe in deinem Leben ehren**

**Vorbereitung:** Nimm ein wohltuendes Bad mit Rosenblüten oder eine warme Dusche. Zieh dir ein schönes Kleid an.

Meist haben wir mehr Liebe in unserem Leben, als es offensichtlich scheint. Dieses Ritual dient der Bewusstwerdung der Liebe in unserem Leben. Liebe vermehrt sich, wenn wir lieben, uns freuen und merken, dass in unseren Herzkammern viel Platz für viele Menschen ist.

Mache es dir bei diesem Ritual, nachdem du den Schutzkreis gezogen hast, so richtig gemütlich. Um dich herum solltest du viele kleine Blüten oder Zettel platzieren können.
Spüre zur Einstimmung die Liebe und das Mitgefühl für dich selbst. Denke an den Akt des Gebens. Visualisiere, wie du Liebe, Mitgefühl und Wohlwollen aussendest. Spüre die Freude, die mit dem Geben einhergeht. Spüre, wie großzügig deine Liebe ist.

Baue eine Verbindung zur Göttin Aphrodite in deinem Herzen auf:

*»Ich rufe dich in Liebe, Göttin Aphrodite, du bist Liebende und Schöpferin. Möge deine Kraft meine Seele umhüllen. Lehre mich die Kunst der Liebe in all ihren Möglichkeiten.*

*Mögen meine Beziehungen von einem harmonischen Einklang durchdrungen sein. Schenke mir die Weisheit, damit ich Liebe geben und empfangen kann. Öffne mein Herz für die Schönheit in mir und um mich herum.«*

Beginne, indem du in dich hineinfühlst. Lasse dein Herz weit und offen werden. Setze dich dafür aufrecht hin. Fühle in dich hinein. Frage dich als Erstes: Welche Personen liegen mir am Herzen? Zu wem verspüre ich ein zärtliches Gefühl?
Lege für alle diese Menschen in deinem Leben aus der Vergangenheit und Gegenwart jeweils einen Zettel mit dem entsprechenden Namen darauf um dich herum.
Danach fragst du dich: Welche Tiere sind mir wichtig? Das können deine Haustiere sein, aber auch Tiere, die irgendwo auf der Erde leben und die du liebst. Für diese Tiere legst du Blüten um dich herum.
Als Drittes fragst du dich: Welche Pflanzen/Bäume/Plätze in der Natur sind mir wichtig? Hierfür legst du Blätter um dich herum.
Als Viertes fragst du dich: Wem bin ich wichtig? Schreibe diese Namen wiederum auf Zettel und lege sie um dich herum.

Zum Schluss stehst du auf und schaust dir alles genau an. Lasse dir dabei Zeit. Hole dir ganz bewusst ins Gedächtnis, in welchen Momenten du diese Zuwendung gefühlt hast. Was war das Besondere an dieser Zuwendung? Fühle die Freude, die von einer geliebten Person oder einem geliebten Tier ausgeht. Lasse die Freude dich ganz erfassen! Schaue dir die Fülle an Liebe in deinem Leben an. All die Zettel, Blüten und Blätter sind Zeugnisse dafür, dass dein Herz voller Liebe ist.

Bedanke dich abschließend bei Aphrodite für ihre Präsenz und löse den Schutzkreis.

**Kleiner Tipp für einen Liebeszauber:** Falls du auf Partner- oder Partnerinnensuche bist, dann lasse einen Zettel im Ritual ohne Namen. Bitte die Göttin Aphrodite darum, dass sich auf diesem Zettel bald ein Name befinden soll.
**CAVE:** Kläre deine Intention: Soll diese Liebe eine Liebschaft oder eine feste Partnerschaft werden? Oder soll diese Begegnung »nur« deinem Erfahrungsschatz dienen? Welche Eigenschaften soll die Person besitzen, damit du aus der Tiefe deines Herzens genährt bist?
Schreibe diese Eigenschaften mit auf den Zettel. Diesen Zettel solltest du nach dem Ritual in einer Muschel aufbewahren, bis der Zauber sich erfüllt hat.

**Kleine Rituale für mehr Selbstliebe im Alltag:**

- Kröne dich ab und an mit einem Blumenkranz.
- Lächle dir im Spiegel zu.
- Creme dich sinnlich ein.
- Schreibe dir einen Liebesbrief.
- Höre Liebeslieder, als ob sie für dich gesungen werden.
- Entdecke etwas Neues, was deine Sinne anregt und fördert.

## APHRODITE-MEDITATION: GEBÄRMUTTERREINIGUNG

**Dauer:** mindestens 20 Minuten
**Unterstützend:** Musik mit 4,5 Hz Theta-Wellen für tiefe Meditation oder Walgesänge. Bei Vollmond wird die Heilwirkung verstärkt.
**Ort:** ein ungestörter Platz zu Hause oder in der Natur
**Wirkung: Meditation zur Akzeptanz und Reinigung deines Schoßraums sowie zur Stärkung deiner Lebenskraft**

Diese Meditation dient der Reinigung und Stärkung deiner Gebärmutter auf energetischer Ebene. Die geführte Reise kann eine heilsame Wirkung im ganzen Beckenraum entfalten.

### Haltung

Für diese Meditation ist es gut, wenn du auf einem Stuhl sitzt. Aber bitte verlagere nicht dein ganzes Gewicht auf den Stuhl, sondern nur die eine Hälfte, die andere Hälfte auf die Füße. Lehne dich nicht an. Nimm eine würdevolle Haltung ein. Die Füße berühren am besten barfuß den Boden. Die Fußstellung sollte offen sein, sodass dein Becken offen ist. Die Hände können auf den Knien abgelegt werden, oder sie bilden eine Schale und liegen auf der Höhe deiner Gebärmutter.

### Präsenz und Atmung

Komme im gegenwärtigen Moment an. Vergegenwärtige dir, wo du gerade bist, was du gerade tust und welche Geräusche um dich sind. Löse deine Anspannung, indem du frei atmest.

**Visualisieren und Verbindung**

Spüre die Kraft der Liebesgöttin Aphrodite und reise mit ihr zum Urgrund des Meeres. Nimm die Kraft des Meeres in dich auf, indem du dir vorstellst, wie reinigendes Wasser sanft durch deine Vulva in dich eindringt. Die Wellen des Meeres fließen bis zum Tor deiner Gebärmutter.

**Gebärmutterreinigung**

Halte an deiner Gebärmutter inne. Wie schaut dieses Organ aus? Deiner Vorstellung und Empfindung sind keine Grenzen gesetzt. Welche Farben und Formen hat deine Gebärmutter? Gleicht sie dem strahlenden Planeten Venus, oder nimmst du den silbernen Glanz des Mondes wahr, oder siehst du eine Landschaft voller fruchtbarer Erde?

Verbinde deinen Herzraum mit deinem Schoßraum und lasse all deine liebende Güte dort hineinfließen. Dann schau dich um: Was gehört dort nicht hin? Vielleicht siehst du noch Verbindungsfäden zu einer alten Liebschaft oder die Wunden alter Verletzungen oder Trauer um den Verlust eines Kindes. Nimm alles wahr, was dort nicht hingehört, und dann öffnest du das Tor zu deiner Gebärmutter und lässt die reinigenden Wellen hineinfließen.

Atme tief und kräftig aus! Lasse alles hinausspülen, was dort keinen Platz hat. Mit jeder Atemwelle reinigt der Ozean deinen heiligen Schoßraum. Folge den Atemwellen, bis Gefühle der Reinigung, Heilung und Gelassenheit dich tragen.

**Abschluss und Dank**

Spanne einige Male deinen Beckenboden kräftig an. Und spüre in deinen Schoßraum. Verbinde dich mit Aphrodite und bitte um Heilung. Segne dich selbst mit einer liebevollen Geste des Dankes.

**Verwöhnen**
Vielleicht gönnst du dir noch ein schönes Rosenzäpfchen, oder du massierst deinen Unterbauchraum mit Granatapfelöl, räucherst mit Rose oder nimmst ein Sitzbad mit Salz (30 g) oder einem Sud mit einer Handvoll Blättern der *Alchemilla Vulgaris* (mindestens 8 Minuten gezogen).

# HOLLE

*Schicksalsgöttin, Göttin des Wetters und der Gezeiten*

## EINBLICK IN DIE GERMANISCHE MYTHOLOGIE

Wenn wir uns auf die Spur von Frau Holle begeben, kommen wir nicht an dem gleichnamigen Märchen der Gebrüder Grimm vorbei. Hier findet die Göttin Ausdruck in einer Erzählung, die vielen von uns aus Kindertagen bekannt ist. Das Märchen erzählt von einer erfolgreichen und einer gescheiterten Initiationsprüfung zweier junger Mädchen.

So geht die Geschichte: Eine Witwe hat ein leibliches Kind und ein Ziehkind. Ihr Pflegling ist ein fleißiges und braves Mädchen und muss für die Stiefmutter spinnen, während ihr leibliches Kind von aller Arbeit verschont bleibt. Doch als sich das Pflegekind beim Spinnen verletzt, fällt dadurch – welch Unglück! – die Spindel in einen Brunnen. Die Stiefmutter fordert das Mädchen auf, die Spule zurückzuholen. Das junge Mädchen nimmt all seinen Mut zusammen und springt in die Tiefen des Schicksalsbrunnens. Sie landet in der Anderswelt. Indem sie Prüfungen entlang ihres Weges in dieser Welt besteht, gelangt sie in das Reich von Frau Holle. Sie erfüllt zum Beispiel die Bitte eines lebendigen Apfelbaumes, ihn zu schütteln, um ihn von der Last seiner reifen Äpfel zu befreien.

Nachdem das Mädchen alle Aufgaben erfüllt hat, nimmt Frau Holle es freundlich auf. Das Mädchen hilft ihr mit allem Ehrgeiz im Haushalt, schüttelt die Bettbezüge und Kissen aus, wodurch es auf der Erde schneit. Als Belohnung für ihren Fleiß lässt die Göttin Gold auf das Mädchen herabregnen und beschenkt es mit einer goldenen Spindel. Diese Gaben wenden das Schicksal ihres Lebens. Das Goldmädchen kehrt zur Stiefmutter zurück und schenkt ihr die goldene Spindel.

Nun schickt die Stiefmutter auch ihr leibliches Kind in den Brunnen hinunter, weil sie nicht genug bekommen kann. Doch als die ungeschickte Stiefschwester ihr Glück in der Anderswelt von Frau Holle ebenfalls versucht, erntet sie aufgrund ihrer Trägheit einen Pechregen.

Neben ihrer Verantwortung für das Wetter verkörpert die Göttin in diesem Märchen eine Schicksalsweberin, die Belohnungen und Pech entsprechend verteilt. Sie prüft die Seelen auf ihre Reinheit, Empathie und Hingabe.

Frau Holle gilt als Beschützerin der Spinnerinnen und Weberinnen. Das Mädchen, das am Brunnen sitzt und spinnt, sorgt nicht nur für das Wohl seiner Stiefmutter, sondern spinnt auch seinen eigenen Lebensfaden. Den rechten Lebensfaden spinnen zu können, erweist sich im Märchen als überlebenswichtig. Als Schicksalsgöttin kann Frau Holle den Lebensfaden festigen oder durchtrennen.

Das uralte Handwerk des Spinnens und Webens, das bis in die jungsteinzeitliche matriarchale Kultur zurückreicht, hat immer zum Wohl der Gemeinschaft beigetragen. In der

Wicca-Tradition gelten Garn und Spindel heute noch als magische Werkzeuge, weil diese die Kraft haben, neue Lebensmuster zu spinnen.

Als weise Alte lehrt Frau Holle uns, dass es beim Spinnen nicht um Fleiß oder Faulheit geht, sondern um das Erlernen von Magie und den bewussten Umgang mit ihr.

Um Frau Holle ranken sich viele weitere Sagen. Einmal taucht sie in der Gestalt einer weisen Alten im Märchen auf, ein anderes Mal als schöne Göttin in weißem Schneekleid. Manchmal begegnet man ihr auch beim Holunderbaum, der im Wortstamm »Hol« einen Teil des Namens der Göttin trägt. Die alpenländischen Jodler, die mit »Holla« beginnen, zum Beispiel »Hollarituljö« oder »Hollari«, gelten als Weckruf der Göttin.

Unterschiedliche Regionen verehren Frau Holle unter verschiedenen Namen: In Hessen und Thüringen ist sie als »Holda« oder »Holla« bekannt, während man im bayerischen und alpenländischen Raum die Bezeichnungen »Percht/Perchta« (althochdeutsch: »leuchtend«, »glänzend«) kennt.

Die Achtung vor der Göttin Holle erstreckte sich über verschiedene Bergregionen, insbesondere findet man zahlreiche Sagen in den Hügeln des Hohen Meißner in Nordhessen. Der Frau-Holle-Teich dort, dessen Tiefe als unermesslich gilt, wird als Eingang zu ihrer mystischen Anderswelt interpretiert.

Die Mythenforscherin Vera Zingsem bezeichnet Frau Holle als eine germanische Erd- und Himmelsgöttin, welche die Jahreszeiten formte und Schutz und Heilung für das einfache Volk brachte.

Somit begegnen wir mit der Göttin Holle dem dreifachen Aspekt einer Göttin. Diese drei Aspekte symbolisieren die Zyklen des menschlichen Lebens und der Natur. Sie war jungfräuliche Frühjahrsgöttin (Holla), fruchtbare Sommergöttin (Freyja) und alte Wintergöttin (Perchta) zugleich. In welcher Gestalt uns Göttin Holle auch begegnet, sie offenbart nicht nur das Schicksal, sondern ist eine Wettermacherin und formt somit die Vegetation.

Das Wetter war früher ein sehr wichtiger Einflussfaktor für die Existenz unseres Seins. Für unsere Vorfahren war es überlebenswichtig. Die Fähigkeit, das Wetter zu beeinflussen oder zumindest seine Muster zu verstehen, entschied über erfolgreiche Ernten, fruchtbare Weiden und die Verfügbarkeit von Ressourcen. Der Blick gen Himmel war somit nicht nur eine Wettervorhersage, sondern entschied über das Schicksal des Überlebens. Kein Wunder, dass die Wettergöttin Holle lange Zeit verehrt worden ist.

## DIE STIMME DER GÖTTIN HOLLE

*Komm, setz dich neben mich. Hier, nimm einen Schluck von meinem warmen goldenen Holunderblütentee. Schmeckst du die Süße des Frühlings? Trink ruhig noch einen Schluck, wärm dich auf. Nun lass uns gemeinsam den Faden aufnehmen, deinen so kostbaren Lebensfaden. Schau, wie schön er ist. Feinstes filigranes Seelengewebe, voll von deinen kleinen und großen Heldengeschichten. Mach dir keine Sorgen, auch meiner ist einige Male ausgedünnt gewesen. Noch ist es nicht an der Zeit, dass das Lebensrad zum Stillstand kommt und ich den Zeitfaden deiner Lebenskraft abschneide. Dein Leben will noch vollkommen ausgekostet werden. Ich bin die Schicksalsweberin. Ich spinne die Fäden des Kosmos. Manche sind kräftig, andere zart und durchsichtig, wieder andere klebrig und fest. Niemand kann mir etwas vormachen. Ich kenne jeden Lebensfaden und jedes Gespinst. Die Kunst beim Spinnen ist es, immer wieder an die Magie des Lebens zu glauben, das*

*Leben zu bejahen mit allen Widrigkeiten und Prüfungen, mit denen es uns beschenkt. Manche Menschen denken, ich wiege die Herzen und werte sie nach ihrer Reinheit oder nach ihrer Egozentrik. Doch was ich tue, ist, sie zu ermutigen, für ihr eigenes Wohl Sorge zu tragen. Das Spinnen des Lebensfadens besteht in der Kunst, an deine eigene Kraft zu glauben. Du kannst nur erahnen, wie die Kräfte miteinander und ineinander verflochten sind. Jeder Lebensfaden, der gesponnen wird, ist Teil eines größeren Netzes, welches die Mysterien des Lebens widerspiegelt. Dieses Netz spricht alle Sprachen, die deine und die meine! Dieses Netz umspannt die Erde und den Himmel, es reicht bis zum Kosmos und wieder zurück. Du bist Teil davon, niemand fällt heraus. Jedes Mal, wenn du den Faden in deine Hände nimmst und anfängst, von Neuem zu spinnen, wirst du reicher beschenkt. Schau ganz genau hin, jede Windung bildet eine Spirale. Die Spirale ist die Ursymbolik allen Lebens, mit jeder noch so kleinen Bewegung drehst du die Lebendigkeit hinein. Diese Urform bildet ganze Galaxien und das Gehäuse der kleinsten Schnecke. Das Spinnen verbindet dich mit dem Schöpfungsraum. Fange an, webe deine Heilungsfäden. Wo der Faden sich ausdünnt, verstärkst du und fängst von vorne an. Träume und spinne neue Lebensmuster für dich in dein Lebensgespinst hinein.*

## DIE KRAFT DER GÖTTIN: WARUM SIE VON BEDEUTUNG FÜR UNS IST

Ist unser Schicksal vorbestimmt, oder haben wir Einfluss auf unser Leben? Dürfen wir überhaupt Einfluss nehmen auf unser Schicksal? Mit diesen Fragen lassen sich philosophische Abende füllen.

Nehmen wir unser Schicksal im vollen Umfang an, ganz gleich, welches Leid und Glück uns begegnet, dann ist die hohe Kunst der spirituellen Praxis, an unserem Lebensglück mitzuwirken. Von der Göttin Holle lernen wir, dass unser Schicksal nicht vorbestimmt ist! Wir haben Einfluss auf unseren Lebensweg. Als Göttin spinnt sie den Faden der Lebendigkeit in uns hinein, und wir können ihn mitgestalten. Unsere Lebenswege oder unsere Bestimmung werden nicht in die Hand einer Göttin gelegt, sondern liegen auch in unserer Verantwortung. Frau Holle ermutigt uns sogar dazu, in die Interaktion mit ihr zu gehen. Somit hat unser Handeln Kraft. Unser Schicksal ist beeinflussbar, wir können etwas dazu beitragen. Göttin Holle erinnert und ermutigt uns, für unser Wohl zu sorgen. Mit Empathie und Hingabe bereichern wir unseren Weg. So wie das Goldmädchen sich als empathisch erweist und sich um den Apfelbaum kümmert, zeigt es uns, dass wir uns nicht nur um das Wohl der Natur kümmern sollen, sondern auch um unsere inneren Erkenntnisse. Wir sind somit Schöpferin und Weberin unserer Erfahrungen.

Den Lebensfaden zu spinnen bedeutet, sich auch darüber bewusst zu sein, was wir wollen: Wohin will ich kommen? Wieso tue ich dieses oder jenes?

Das Goldmädchen wollte wieder zu seiner Stiefmutter zurück, nachdem es in der Lehre bei Frau Holle gewesen war. Sie vertraute auf den Gewinn ihrer Erfahrungen, und ihr war bewusst, dass ihr Handeln es wert war, belohnt zu werden.

Tun wir nichts, sind passiv oder gar apathisch, so wie ihre Stiefschwester, so berauben wir uns unseres Erfahrungsschatzes, unserer Erkenntnis und unserer Selbstbestimmung.

Von Göttin Holle können wir Frauen wieder lernen, uns

mit der Kunst des Spinnens und Webens zu beschäftigen. Wir lernen beim Spinnen nicht nur, uns auf eine Sache zu konzentrieren und uns ihr hinzugeben, sondern auch, unser Gemüt zu beruhigen.

Symbolisch bedeutet das Spinnen, dass wir unsere eigene Realität formen. Wir »spinnen« unsere Welt durch gute Taten, Gedanken oder Emotionen. Bei dem klassischen Handwerk des Spinnens entsteht etwas Neues aus bereits Vorhandenem. Beim symbolischen Spinnen verbindest du deine Vergangenheit mit deiner Zukunft, da jedes neue Garn auf dem vorherigen aufbaut. Die Umwandlung von Rohmaterial (Rohwolle) zu einem feinen, gesponnenen Garn repräsentiert metaphorisch die Umwandlung unseres eigenen Schicksalsweges, auf dem Herausforderungen und Erfahrungen in etwas Wertvolles umgewandelt werden.

Als Wettermacherin können wir Göttin Holle immer um Ausgleich bei Unwetter bitten. Wenn du Wettermagie praktizieren willst, ist es ratsam, mindestens eine Stunde im Voraus Göttin Holle um gutes Wetter zu bitten oder gegebenenfalls auch um Regen.

Mache der Göttin eine kleine Freude in Form eines Gedichts über das Wetter, um um ihre Gunst zu bitten. Das Sprechen des Gebets sollte in Richtung Osten erfolgen.

*»Liebe Holle, lasse bitte die Sonne scheinen oder das Land fruchtbar werden mit sanftem Regen.«*

## ALTAR ZU EHREN DER GÖTTIN HOLLE

Der Altar der Göttin Holle sollte in Weiß gehalten sein. Etwas sollte die vier Jahreszeiten symbolisieren: Für den Frühling könnten eine Blumenzwiebel oder Samen stehen, für den Sommer eine Blüte, für den Herbst eine Frucht und für den Winter Wurzeln oder Rinde. Weiterhin kannst du den Altar mit Brot, Garn, einer Spule, Äpfeln, Traumfängern oder mit getrockneten Holunderblüten schmücken. Roter Holundersaft sollte nicht fehlen, da er nicht nur für Gesundheit steht, sondern auch Ausdruck der roten (menstruierenden), Leben spendenden Kraft der Frau ist. Da Holle in den Bergen und an Teichen wohnt, kannst du auch Steine, zum Beispiel einen Bergkristall, und eine Schale Wasser aufstellen.

## MOMENTUM: DER OPTIMALE ZEITPUNKT FÜR DIESES MAGISCHE RITUAL

Der Winter wird seit jeher als Zeit der Einkehr und der Besinnung gesehen. Die ursprünglichen Namen für den Monat Dezember waren »heiliger Monat«, »Wolfsmonat«, »Wendemonat« oder »Jul-Monat«. Man verband ihn mit der Gestalt der Göttin Holle. Von der Wintersonnenwende bis zum Frühlingsbeginn können wir uns also gut an die Göttin Holle wenden.

In der Zeit der Raunächte vom 21. Dezember bis zum 3. Januar oder nach der gregorianischen Kalenderreform auch vom 24. Dezember bis zum 6. Januar wird die Göttin Holla verehrt. Während dieser Zeit reist Holle durch die Welt und webt die Schicksalsfäden. In dieser Zeit sollten sich früher keine Räder drehen, das heißt, die Arbeit sollte zur Ruhe kommen. Die Zeit zwischen den Jahren eignet sich gut zum Orakeln und zum Spinnen. Es geht um die Frage, was sich im kommenden Jahr für mich weben soll.

**24. Juni – Holdertag**
In Thüringen sagt man: »Um Johanni blüht der Holler, da wird die Liebe noch doller.« Deshalb heißt der 24. Juni (Johanni) auch »Holdertag«. Es ist ein guter Tag für einen Liebeszauber: Wenn Frau sich nach einem Partner oder einer Partnerin sehnt, kann sie sich unter einen Hollerbaum stellen und zum Beispiel folgendermaßen um Hilfe bitten: »Hollerbaum, heiliger Holla, bitte lass mich im Traum eines Mannes oder einer Frau erscheinen und führe diesen oder diese dann zu mir.« Als Dank begießt man die Wurzel des Baumes mit etwas Milch.

## PFLANZLICHE VERBÜNDETE DER GÖTTIN: HOLUNDER- UND APFELBAUM

### Der Holunderbaum

Holle, Holla oder Holda haben ihren Ursprung im Wort »hold«, was »anmutig«, »lieblich« und »schön« bedeutet. Daran ist die Freundlichkeit der Göttin zu erkennen. Wer einen Holunderbaum am Haus hat, der gilt als beschützt und beglückt.

Der Holler, Holder, *Sambucus nigra,* unser heimischer Holunderbaum, wird der Göttin Holle zugeordnet. Es heißt, dass die Göttin im Holunder lebe oder der Baum selbst sei. Die Polarität von weißer Blüte und schwarzer Frucht verweist auf die Vereinigung von Frühjahrsgöttin (Holla) und Wintergöttin (Percht).

Die weißlichen, duftenden Blüten des Holunderbaumes erinnern an Schneeflocken, die warzig rissige Rinde an die Haut einer sehr alten Frau. Sie ist im Vergleich zu anderen Baumrinden warm, selbst im Winter. Hollerholz sollte nicht verbrannt werden, da sonst die Göttin verbrannt wird. Man sollte den Baum auch nicht in anderer Weise verletzen oder ungefragt beschneiden, da dies im Volksglauben Pech und Unglück bringe.

In der nordischen Mythologie gilt der Holunderbaum als Ahnenbaum, schon in der Steinzeit als eine Heilpflanze, worauf archäologische Funde hindeuten, und Rinde, Frucht und Blüte als »Hausapotheke der Bauern«.

Das Besondere am Holunderholz ist, dass es markhaltig ist. Aus ihm kann man sehr gut kleine Flöten herstellen, die sogenannten Hollerpfeiferl oder Holunderpfeifen. Wer durch sie bläst, geht in Verbindung mit der Göttin.

Heutzutage werden hauptsächlich die Blüten und Früchte genutzt. Die kleinen, runden, schwarzvioletten Früchte lassen sich nicht ohne Fleiß essen. Die Frucht muss erst erhitzt und von den Samen befreit werden, damit ihre heilende Wirkung zum Tragen kommt. Holunderblüten und -beeren wirken schweißtreibend, antiviral, schleimlösend, immunstärkend, entzündungshemmend und harntreibend. Weiterhin haben sie eine hohe antioxidative Wirkung. Der hohe Vitamin-C-Gehalt der Beeren rundet ihre Heilwirkung ab.

Außerdem lässt sich aus den Blüten Sirup herstellen und Pfannkuchenteig. Als Verzierung auf dem Sommersalat verbreitet sie ebenso Freude.

***Holunderblüten-Pfannkuchen***

*Eine köstliche, blumige Variante des klassischen Pfannkuchens!*

**Zutaten:**

200 g Mehl
2 Eier
300 ml Milch
1 Prise Salz
1 EL Zucker
1 TL Vanilleextrakt (optional)
1 Tasse Holunderblüten (gewaschen und getrocknet)
Butter zum Braten
Puderzucker (optional)

**Zubereitung:**

1. In einer Schüssel Mehl, Eier, Milch, Salz, Zucker und Vanilleextrakt zu einem glatten Teig verrühren.
2. Die Holunderblüten vorsichtig unter den Teig mischen.
3. Eine Pfanne erhitzen und etwas Butter darin zum Schmelzen bringen.
4. Löffelweise den Teig in die Pfanne geben und Pfannkuchen von beiden Seiten goldbraun braten.
5. Die Holunderpfannkuchen auf einem Teller anrichten und nach Belieben mit Puderzucker bestreuen. Warm genießen.

### Der Apfelbaum

Auch der Apfelbaum hat eine bedeutungsvolle Rolle im Märchen von Frau Holle. Er gehört zu den ersten Samenfrüchten der Menschheit. Der Apfel, ein uraltes Symbol der Fruchtbarkeit, wird wegen seiner roten Farbe oft als Zeichen der Liebe betrachtet. Die pralle Frucht bringt pralles Leben. Durch seine kugelartige Form wird er als Sinnbild der Ewigkeit und der Erde interpretiert. In keltischer Tradition repräsentiert der Apfel spirituelles Wissen. In der nordischen Mythologie verleiht ein Apfel ewige Jugend. Goldene Äpfel in verschiedenen Mythologien gelten als Symbole für Unsterblichkeit. Als himmlische Frucht verkörpert er Frische, Gesundheit, Lebenskraft und Schönheit. Die lebhafte Farbe und Süße des Apfels spiegeln die sinnlichen Freuden wider. Er wird oft symbolisch für die Versuchungen des Lebens verwendet: Der Apfel spielt auch eine Rolle im christlichen Kontext, wo er beim Sündenfall als Verlockung erscheint.

In dem Märchen von Frau Holle steht der Apfel für die Erkenntnis. Die Früchte sind allesamt reif und wollen sich fast von selbst verschenken. Wir brauchen uns nicht besonders abzumühen, um diese Erkenntnis zu »ernten«.

## HOLLE-RITUAL: SPINDELMAGIE

**Dauer:** ca. 30 Minuten
**Ort:** in einem geschützten Raum
**Utensilien:** Stock und Garn oder Spule und Wolle
**Intention: deine Vision spulen und visualisieren**

Dieses Ritual eignet sich nicht nur dafür, um mit Göttin Holle in Kontakt zu kommen, sondern auch, um sich selbst wieder mit der Schöpfungsmagie zu verbinden.

Nachdem du deinen Schutzkreis gezogen hast, verbinde dich mit der Göttin Holle. Vielleicht dient dir folgende Anrufung als Inspiration:

*»Göttin Holle, Hüterin der Lebensfäden, ich rufe dich. In deinen Händen ruhen das Weben und Spinnen und die zarten Fäden, die unser aller Schicksal verbinden. Möge dein Blick auf mich gnädig sein.*
*Schenke mir die Weisheit, die Muster zu verstehen, die du in das Netz der Zukunft webst. Ich bitte um Klarheit in meinen Entscheidungen. Lasse mich die Fäden meines Lebens mit Achtsamkeit halten. Möge ich in Harmonie mit den Strömungen meiner Visionen sein. Erweitere meine Erkenntnisse, sodass ich sie zum Wohle aller einsetzen kann.«*

Nach der Anrufung der Göttin nimmst du Garn oder ein Wollknäuel und einen Stock (eine Spule) zur Hand. Verbinde dich energetisch mit beiden Gegenständen. Erinnere dich: Energie folgt der Aufmerksamkeit. Jeder deiner Gedanken erweitert und formt dein Wohlbefinden.
Folgende Fragen kannst du dir während des Spulens stellen:
Wo stehe ich gerade in meinem Leben?
Was will ich erneuern?
Welche Vision möchte ich in mein Leben einladen?
Welche Eigenschaften brauche ich, um meine Vision zu leben?
Wie will ich mich dabei fühlen, auch körperlich?
Wer, Mensch, Tier, Pflanze und Spirit, kann mich dabei unterstützen?

Schließe die Augen. Sobald du dich entspannt fühlst, beginnst du mit deiner Visualisierung. Währenddessen wickelst du die ganze Zeit den Faden um den Stock. Das ist dein magisches Spinnen. Du stellst dir die Handlung, die dir in der Realität bald gelingen soll, sehr detailliert vor. Du durchlebst den Ablauf in deiner eigenen Vorstellung. Du spürst, was du in Wirklichkeit fühlen willst. Du kannst diese Visualisierung etliche Male wiederholen.
Während du innerlich Antworten auf deine Fragen findest, wickelst du immer weiter und vertraust auf die Kraft dieser magischen Handlung, sodass alles zu deinem Wohle geschehen wird.

Löse den Schutzkreis auf und schließe das Ritual mit einem Dank ab.

## HOLLE-MEDITATION: KRISTALLMEDITATION

**Dauer:** mindestens 20 Minuten
**Unterstützend:** Holundertee trinken oder räuchern
**Ort:** ein ungestörter Platz zu Hause oder an der Wurzel eines Baumes
**Wirkung: Meditation zur Bewusstwerdung, und um auf die inneren Antworten zu hören**

### Ankommen

Setze dich aufrecht im Meditationssitz hin oder, wenn es bequemer ist, auf einen Hocker ohne Lehne. Schließe behutsam die Augen. Atme einige Minuten tief ein und aus, um anzukommen.

**Visualisierung**

Visualisiere einen schneebedeckten Wald, in dem jeder Schneekristall ein einzigartiges Kunstwerk der Natur ist. Atme tief ein und spüre die klare, kühle Luft. Fühle deinen Atemhauch. Der Schnee dämpft alle Geräusche. Stille umgibt dich. Verweile im Moment und genieße die Kraft der Stille. Sanfte Schneeflocken fallen von den Bäumen, und du bist umgeben vom pudrigen Schnee. Ein kunstvoller Schleier gefrorener Spinnweben und Eisblumen umgibt dich. Deine Gedanken werden von der Kühle und diesem Anblick erfrischt. Atme aus und lasse jeglichen Ballast, alle Sorgen und Anspannungen mit deinem Atem davonwehen, wie der Wind die Schneeflocken zur Erde trägt.

Du gehst immer tiefer in den Winterwald hinein. Du fühlst die Magie der Bäume, siehst die Fährten der Tiere. Es hängen Eiszapfen an den Zweigen und Felsen. In der Ferne siehst du einen gefrorenen See und gehst ganz langsam darauf zu. Je näher du dem See kommst, umso verzauberter wirken die Wurzeln der Bäume. Ganz nah am See entdeckst du eine kleine Hütte. Diese kleine runde Hütte ist erbaut aus einem in sich verwobenen Wurzelgeflecht. Du spürst die Sphäre von Göttin Holle. Jedes schwebende Schneeflöckchen kündigt ihre Anwesenheit an.

Du hörst den Ruf, in die Hütte hineinzukommen. Du gehst langsam in die Hütte hinein. Überall siehst du funkelnde Kristalle, weiße, schneebedeckte Wände. In der Mitte der Hütte sitzt Frau Holle am Webstuhl der Zeit und spinnt. In der ruhigen Atmosphäre, die Frau Holle umgibt, erkennst du die Weisheit in ihrer Präsenz. Spüre, wie ihre Gelassenheit und Erkenntnis dich immer ruhiger werden lassen.

Die Göttin bittet dich, neben sich Platz zu nehmen, und du fragst sie, was wichtig für dich und deinen Weg ist. Sie gibt dir einen Eiskristall in die Hand. Versinke in das Bewusstsein

des Kristalls. In der Lichtbrechung siehst du die Regenbogenfarben, und jede Sekunde verändert sich dein Lebensschicksal. Du bekommst die Antworten in Formen, Farben oder Klängen vermittelt.
Lasse dir Zeit. Am Ende schmilzt der Eiskristall in deinen Händen.

**Abschluss und Dank**
Du bedankst dich bei der Göttin, finde dafür eine heilsame Geste des Dankes. Dann gehst du zurück durch die Winterlandschaft. Öffne behutsam deine Augen und kehre erfrischt und gestärkt in den gegenwärtigen Moment zurück.

# BRIGID

*Göttin der Fruchtbarkeit,*
*der Heilkunde, des Feuers,*
*der Dichtkunst und der Schmiedekunst*

## EINBLICK IN DIE KELTISCHE MYTHOLOGIE

Mit Brigid begegnen wir einer keltisch-gälischen Göttin. Die Kelten waren ein indogermanisches Volk, das vor allem in der Eisenzeit (ca. 800 bis ca. 1. Jahrhundert n. Chr.) auf dem europäischen Kontinent verbreitet war. Die keltische Mythologie stammt aus verschiedenen Regionen, darunter Irland, Wales, Cornwall, Schottland und die Bretagne, und wurde stark von der geografischen Umgebung beeinflusst. Sie zeichnet sich durch ihre Vielfalt, regionale Prägung und mündliche Überlieferung aus. Vor der Christianisierung gab es keine einheitliche kulturelle oder politische Struktur unter den Kelten, was zu einer facettenreichen Mythologie führte. Die keltische Religion war eine naturreligiöse, animistische, polytheistische Glaubensrichtung, die eng mit der Umwelt, dem Lauf der Jahreszeiten und den zyklischen Prozessen des Lebens verknüpft war.

Da die Kelten keine schriftlichen Aufzeichnungen ihrer Religion und Götterwelt hinterließen, haben wir heute hauptsächlich durch römische Historiker, christliche Mönche, archäologische Funde und keltische Sagen ein schwaches Bild von den Glaubensvorstellungen der Kelten. Die überlieferten Sagen wurden meist christianisiert, was unter anderem die Folge hatte, dass aus der Göttin Brigid die heilige Brigida von Kildare wurde.

Wir können also nur erahnen, welche Riten, Zeremonien und Ahnenkulte die Kelten zelebriert haben, denn im Zuge der Christianisierung versuchte die Kirche, heidnische Bräuche zu unterbinden. Doch die Achtung vor ihrer schillernden Göttin Brigid ließen die Kelten sich trotz Christianisierung nicht nehmen.

Noch heute ist Brigid eine der bekanntesten Göttinnen in Europa. Ihr Name stammt vom gälischen *Breo-Saighit*, was frei übersetzt »flammender« oder »glänzender Pfeil« bedeutet. Ebenso wird der Name als »die Helle«, »die Strahlende« und »die Erhabene« gedeutet. Für Brigid gibt es viele verschiedene Schreibweisen: Brighid oder Brig, Bride, Bríd, Birgit, Brigantia.

Brigid ist eine vielfältige Göttin. Ihre Zuständigkeit erstreckt sich von der Schmiedekunst und der Kunst im Allgemeinen über die Dichtkunst bis hin zur Heilkunst. Sie gilt als die Göttin der Weisheit und der Poesie. Sie ist Beschützerin der Fruchtbarkeit.

Das Feuer spielt in Brigids Wirken eine bedeutende Rolle. Der Sage nach wurde Brigid zu Sonnenaufgang geboren, und es heißt, ihr Haus sei von Flammen umgeben gewesen. Bei ihrer Geburt zeigte sich eine Flammensäule über ihrem Kopf, die bis in den Himmel reichte. Als Kleinkind schlief sie in einem Feuermeer. Das ewige Feuer am Himmel ist die

Sonne, deren irdisches Symbol das Feuer ist. Brigid herrscht über das Feuer und ist Bewahrerin des Herdfeuers (vergleiche hierfür auch die Göttin Hestia, Seite 163).

Brigid repräsentiert das Feuer in vielfältigen Aspekten:

- Als Feuer der Inspiration erhellt sie uns den Weg zur inneren Klarheit.
- Als Feuer der reinigenden Kraft und der Heilung aktiviert sie unsere Lebenskraft.
- Als Feuer für die Schmiedekunst fördert sie unser Handwerk.
- Als Feuer der Lust versinnbildlicht sie unsere Freude an der Sexualität und unsere Fruchtbarkeit.

Die Assoziation mit dem Sonnenaufgang bei Brigids Geburt zeigt nicht nur die Verbindung zum Feuer, sondern auch die Rückkehr des Lichts nach dem Winter. Darum wird bis heute am 1. Februar (irischer Feiertag, St. Brigid's Day) die Göttin Brigid oder auch die heilige Äbtissin Brigid von Kildare beim Fest Imbolc verehrt. Im keltischen Kalender gilt Imbolc als Vorbote des Frühlings, denn die Göttin Brigid vertreibt Winter und Frost mit ihrer stählenden Kraft. In diversen Abbildungen wird sie mit einem Schöpfungskessel, Feuer, Schwert und dem schutzbringenden Symbol des St.-Brigid-Kreuzes dargestellt.

Der keltischen Mythologie zufolge ist Brigid die Tochter von Daghda. Daghda war der mächtigste Hochkönig der Tuatha Dé Danann, des mythischen Volkes, das Irland noch vor den Kelten bevölkerte. In Kildare soll einst der heilige Tempel der Brigid gestanden haben. Es wird erzählt, dass 19 Priesterinnen dort 19 Tage lang die ewige Flamme hüteten. Am 20. Tag aber hütete die Göttin selbst dieses heilige Licht. In der späteren St.-Brigid-Kathedrale, so heißt es, brannte die ewige Flamme der heiligen Brigid zu Ehren tausend Jahre lang. Diese Flamme wurde 1993 von den Brigidine Sisters neu entfacht.

Göttin Brigid ist so vielschichtig, doch durch die rein mündlichen Überlieferungen gibt es keine sachliche/neutrale Erzählung über sie. Die Menschen haben sie seit mindestens 1500 Jahren immer wieder neu und anders erfunden. Ihre Geschichte wurde an verschiedenen Orten und aus verschiedenen Gründen unterschiedlich geprägt und interpretiert. Sie war Heilige und Göttin zugleich.

## DIE STIMME DER GÖTTIN BRIGID

*Ich lege dir meine Weisheit in deine Träume. Möge es ein erhellender Traum sein, der die Bürde deiner Last wie zarte Nebelschwaden in Morgenlicht auflöst. Ich bin die Morgenröte, die den schwarzen Vorhang der Nacht verabschiedet. Mein Licht ist nicht grell. Mit der Sanftmut der Morgendämmerung trage ich das Licht der Hoffnung in die Menschenherzen. Mögest du dich daran erinnern, dass in deinem Herzen eine kostbare, goldene Flamme unverwüstlich lodert. Mit diesem heiligen Herzfeuer schmiedest du die reinsten Träume. Im Mitwinter, wenn das Grau dem zarten Grün des Frühlings weicht, entfessele ich meine höchste Macht. Sei dir gewiss, meine Feuer vertreiben jede Kälte. Hörst du dieses zarte Knistern, wenn die Knospen erwachen? Meine geliebten Bären, Igel, Dachse, sie rekeln sich aus ihrem langen Winterschlaf. Der Gesang der Vögel kündigt mich an. Sie alle hören meinen Erweckungsruf. Mit der Wiederkehr des Grüns tanzt die Lebensfreude. Ich bringe allen Wesen den Lebensmut zurück. Sie vertrauen mir, da ich ihnen Schutz und Wärme biete. Mein Feuer ist ein ewiger Tanz der Erneuerung. Mit Wonne erwecke ich das jungfräuliche*

*Land. Ich kitzele und küsse jeden Samen wach. Mein Licht ist das Zündholz der Inspiration. Möge mein Licht auch in deinem Herzen wohnen. Dieses kostbare Herz soll entflammbar bleiben, sodass du die Süße der verspielten Freuden nicht vergisst. Wie jeder Morgen und jeder Frühling den Zauber aller Möglichkeiten in sich birgt, so kannst auch du dich neu entfalten. Wie ein unbeschriebenes Blatt ganze Quellen an Ideen speichern kann, so ist es auch dir möglich, dich immer wieder an den Lebensstrom der Schöpferkraft anzuschließen.*

*Jeder Samen ist perfekt angelegt, einzigartig und voller Begabungen. Ebenso bist du seit deiner Zeugung auserwählt, denn niemand ist zufällig auf dieser Erde. Halte dich an die Pflanzen, wagemutig erneuern sie sich von Frühling zu Frühling, tue es der Natur gleich! Es erfordert Vertrauen, sein inneres Licht und inneres Feuer leuchten zu lassen. Doch schau, siehst du das zarte Schneeglöckchen, wie es mutig sein Köpfchen durch den Schnee schiebt? Das kannst du auch! Das Licht der Hoffnung in sich zu tragen, es nicht erlöschen zu lassen, das ist die wahre Poesie des Lebens.*

*Damit dein Herzfeuer lebendig bleibt, möge dieser irische Segen in dir fortleben:*

*Mögen dich im Fluss des Lebens all deine Träume zu neuen Ufern tragen, während lichter Frühlingsregen die Last aller Anstrengungen sanft fortspült. Mögest du voller Vertrauen mit dem neuen Grün wachsen, im Wissen, dass eine mütterliche Hand dich trägt. Mögest du dich daran erinnern, dass dein Leib eine sinnliche Flamme ist, welche das Feuer des Lebens nährt und hell erstrahlen lässt, und dass man im Anblick deiner Augen nie müde wird. Möge der Wind durch Zeit und Raum hindurch die heilsamen Lieder deiner Ahnen singen und ihre Kraft in dich hineinweben. Mögest du tief eingebunden im Netz des Lebens mit der Kraft aller geschmiedeten Schwerter weise Entscheidungen fällen.*

## DIE KRAFT DER GÖTTIN: WARUM SIE VON BEDEUTUNG FÜR UNS IST

Mit Brigid begegnet uns eine sanftmütige, poetische und mitfühlende Göttin. Da sie viele Facetten hat, treffen wir mit ihr erneut auf den dreifachen Aspekt der Göttin, so wie bei der Göttin Holle. Sie symbolisiert die weiße, jungfräuliche Kraft, die uns wieder mit unseren Träumen, Visionen und unserer kindlichen Unschuld verbindet. Aber auch die rote Kraft begegnet uns in dieser Göttin, zum Beispiel in ihrer Heilkunst, Fruchtbarkeit und ihrem Feuer. In ihrer schwarzen Kraft ist Brigid die weise Heilige und die Göttin der Schmiedekunst.

Als weiße, jungfräuliche Kraft verkörpert Brigid die »Ganze«, die in sich vollkommene Frau, so wie die Göttin Artemis. Sie ist die freie, ungebundene, sich selbst gehörende Frau, die mit sich selbst eins ist. Die weiße Kraft verkörpert die unberührte, reine, unverfälschte Natur und den Neuanfang.

Mit der Unschuld eines Kindes erinnert uns Brigid jeden Morgen an unseren Lebensfrühling. Vergangenes ist vergangen, gewürdigt, kompostiert und in der dunklen Winterzeit oder Nacht verwandelt. Jeder einzelne Tag birgt die Möglichkeit, etwas völlig Neues, vielleicht noch nie Erfahrenes einzuladen und aus unserem tiefsten Herzen und Schoß neu zu gebären.

Somit können wir uns gut mit Göttin Brigid verbinden, wenn wir uns an unsere kreative Visionskraft anschließen wollen. Jede Vision ist wie ein Samen, in den wir alle guten Wünsche, Pläne und Hoffnungen hineinlegen können. Als zarte Frühlingsbotin erinnert Brigid uns an die Feinstofflichkeit der Ideen. Wie in jedem Samen oder jeder Knospe die

DNA der vollständigen Pflanze angelegt ist, ist in der Idee schon ein ganzer Plan angelegt. Brigid ermutigt uns, wie Kinder das Tagträumen wieder zu erlernen oder unserer Kreativität mit Freude zu begegnen. Sie möchte, dass wir verspielt sind und den Ernst des Lebens abschütteln. Wir dürfen das Feuer der Inspiration und Begeisterung empfangen und uns neu ausrichten auf das, was uns wirklich am Herzen liegt.

Als rote, fruchtbare Kraft der Göttin bringt uns Brigid Heilung. Sie ermutigt uns, im Feuer alles zu verbrennen, was wir nicht mehr brauchen. Wir dürfen uns reinigen von Kummer, Ballast, alten Mustern, toxischen Gedanken und destruktiven Identifikationen. Brigids loderndes Feuer lässt alles schmelzen und transformiert, was uns schadet und einengt. Fühlen wir uns befreit, dann ist dies meist der Beginn eines fruchtbaren, neuen Lebensabschnittes sowohl auf der psychischen als auch auf der emotionalen und spirituellen Ebene.

Gleichzeitig können wir uns an die lodernde, feurige Lebendigkeit von Brigid anschließen, unsere Frühlingsgefühle betanzen und Spaß haben an dem Feuerwerk unseres Seins. Wir dürfen strahlen und unser innerstes Leuchten bewahren. So wie der Samen anfängt zu erblühen, so können wir mit der Hilfe dieser Göttin wieder erwachen, in Bewegung kommen und die Leichtigkeit in uns willkommen heißen. Wir begrüßen unsere Lebendigkeit und lassen uns vom Leben wach küssen.

Als schwarze, weise Kraft erinnert Brigid uns daran, dass zu jeder Vision auch eine Entscheidung gehört. Wir schmieden nicht nur unsere Pläne, sondern können auch die Führung bei ihrer Umsetzung übernehmen. Die Kraft der Transformation wird nicht nur durch das Feuer vermittelt, sondern auch durch die Symbolik des Schwertes. Hier begegnen wir der Göttin der Schmiedekunst, die oft mit einem Schwert dargestellt wird. Diese Symbolik verleiht uns Frauen Stärke, Sinn für Gerechtigkeit, die Fähigkeit, uns selbst zu schützen, und Entschlossenheit. Wir dürfen uns von allem trennen, was unserem Wachstum nicht mehr dient. Wir dürfen uns selbst initiieren! Göttin Brigid ermutigt uns zur Selbsterkenntnis und zum persönlichen Wandel. Wir dürfen eigenverantwortlich handeln. Wenn wir so handeln, werden wir weise.

Du kannst Brigid in dir erwecken, wenn du Unterstützung brauchst, um etwas loszulassen, sei es Trauer, Angst oder eine tief sitzende Scham. Nutze dafür das Brigid-Ritual. Weiterhin kannst du Brigid über die Dichtkunst, das geschriebene oder auch das gesprochene Gebet erreichen. Lasse dich vom Geist deiner Worte berühren, nutze sie zur Selbstreflexion. Worte haben immer die Kraft, Magie zu schmieden. Bei jeder Form von kreativem Brainstorming kannst du dich mit Brigid verbinden. Sie stärkt deine Vorstellungskraft!

Wo also schlummert in dir die Schöpferkraft, was inspiriert dich? Welche Vision hast du für deine Zukunft? In welcher Hinsicht fühlst du dich frei und leicht, und wie kannst du diesen Zustand vertiefen? Wofür brennst du? Was ist dein Potenzial, deine Begabung? Was geht dir spielerisch von der Hand? Was bereitet dir Freude? Wie lebst du dein inneres Feuer?

Ebenso kannst du dich an Göttin Brigid wenden, wenn du Heilung brauchst. Insbesondere bei Heilungen deines inneren Kindes ist sie eine gute Wegweiserin. Sie schützt nicht nur den kindlichen Anteil in dir, sondern hilft auch dem

»Erwachsenen-Ich«, in die Kraft zu kommen mit ihrer Sanftmut. Dazu dient die Brigid-Meditation.

In meiner Praxis brennt meist eine Kerze zwischen mir und meiner Klientin. Wann immer ich ein Kerzenlicht anzünde, spreche ich eine Widmung: *»Möge Heilung geschehen. Möge das Licht all den Kummer verwandeln. Möge der Raum frei werden für die Schöpfungskraft.«*

Während des Schreibens dieses Buches brannte immer ein Feuer im Kamin oder ein Kerzenlicht. So bat ich die Göttin um kreative Inspiration und heilsame Worte.

## ALTAR ZU EHREN DER GÖTTIN BRIGID

Auf dem Altar von Brigid sollte in der Mitte eine Kerze stehen. Diesen Altar solltest du als Schwellenaltar betrachten, welcher den Übergang von der winterlichen Energie zur Frühlingsenergie repräsentiert. Die Vorboten des Frühlings könnten Samen und Knospen darstellen. Da die Göttin oft mit Bären assoziiert wird, weil die Bären im Februar aus dem Winterschlaf erwachen, kann auch ein Teddybär auf dem Altar stehen. Dies freut gleichzeitig dein inneres Kind. Auch mit hellen Stoffen, einem weißen Blatt Papier, Weidenkätzchen, Schneeglöckchen, Birkenrinde kannst du den Altar schmücken. Hirsche und Rehe verlieren ihre Geweihe im Februar, darum kann du auch gerne diese zur Zierde nutzen. Brigid wird auch mit dem heiligen Kessel der Inspiration abgebildet, darum können eine leere Schale oder ein Kessel auf dem Altar stehen. Auch eine Feder für die Poesie oder ein Gedicht von dir passen auf den Altar von Brigid. Ein Stück Eisen könnte für die Schmiedekunst stehen. Brigids Farben sind Weiß und das frische Grün. Wenn es dir gefällt und es zu passen scheint, geht auch ein zartes Gelb.

## MOMENTUM: DER OPTIMALE ZEITPUNKT FÜR DIESES MAGISCHE RITUAL

Von den Kelten wurde die Göttin Brigid an Imbolc (auch *L'fhell Brighde, Brigid's Day,* Lichtmess) verehrt, in der Nacht vom 1. auf den 2. Februar. Im keltischen Kalender gilt dieser Tag als Frühlingsanfang, denn die Göttin Brigid vertreibt Winter und Frost. Tatsächlich werden die Tage Anfang Februar merklich länger, die Sonne geht früher auf, und die Pflanzenwelt erwacht langsam aus der Winterruhe. Das Fest Imbolc ist vor allem eine Zeit der Reinigung (altirisch *imbfolc:* »Rundum-Waschung«).

Die Wintermitte ist ein guter Zeitpunkt zum Aufräumen und Ausmisten und um Reinigungsbäder zu nehmen. Des Weiteren können an diesem Fest Kerzen geweiht werden, damit das Jahr lichtvoll wird. In einigen Wicca-Traditionen ist der Tag auch beliebt, um in neue Frauenkreise einzutreten oder neue Hexenschwestern willkommen zu heißen.

Alle Vollmonde bringen Licht in die Dunkelheit und eignen sich auch gut als Zeit des Aufräumens im Äußeren und Inneren, des Reinigens der Wohnräume und des Körpers.

Zur Morgendämmerung kannst du mit der Anrufung der Göttin Brigid in Gebet, Bitte und Dank den Tag beginnen. Hierfür solltest du dich in Richtung Osten zur aufgehenden Sonne wenden. Überlege dir vorher, wie dieser Tag gut für dich werden könnte.

## PFLANZLICHE VERBÜNDETE DER GÖTTIN: BIRKE

Der Legende nach sind die Schneeglöckchen die Fußabdrücke der Göttin Brigid. Diese zarte weiße Blume ist die erste, die aus der Dunkelheit durch den Schnee ans Licht kommt. Sie steht für Mut, Willensstärke und Hoffnung auf Neubeginn.

Weiterhin gelten alle Frühblüher und reinigenden Kräuter, die wir brauchen, um wieder zu Kräften zu kommen, als Botinnen der Göttin, wie Bärlauch, Gänseblümchen oder Taubnessel.

Brigid begegnet uns vor allem in der Pracht der Birke. Die Eigenschaften dieses Baumes sind dieselben wie die der Göttin. Die Birke hat in ihren jungen Jahren fast ausschließlich eine weiße Rinde. Je älter sie wird, umso mehr zeigt sich auch der schwarze Aspekt der Göttin an der Rinde.

Die Birke ist ein Baum, der in der Homöopathie bei Traumata eingesetzt wird. Dort, wo die Erde erschüttert worden ist, verletzt durch starke Umwälzung, wächst die Birke fast wie von Zauberhand. Als Pionierbaum kann sie daher auch auf Schutt und verbrannter Erde wachsen und bereitet dort den Boden auf. Die Birke wurzelt flach und nährt sich auch von kargem Boden, eben von dem, was übrig geblieben ist.

Dieser schnell wachsende Baum ist verspielt, vermehrt sich prächtig, ist wild und schön. Die Rinde lässt sich leicht abblättern. Die Birke ist eine wundervolle natürliche Anzündhilfe oder kann auch als Papier genutzt werden. Ihr Saft dient zum Entgiften, Entwässern und regt den Stoffwechsel an.

In nordischen Ländern wird zum Austreiben des Winters mit Birkenreisig der Körper ausgeklopft. Und aus dem Reisig werden Besen hergestellt, die gleichzeitig zum Fegen und Reinigen der Behausung genutzt werden.

Die Birke steht für Neubeginn, Reinigung und Energie. Als erster Baum bekommt die Birke im Frühling ihre Blätter. Auch das Trinken von frischem Birkensaft hat bis heute in vielen Regionen Tradition. Früher fertigte man die Wiegen der Neugeborenen aus Birkenholz an, um ihre Seelen zu schützen und willkommen zu heißen.

Die Knospen der Birken sowie die jungen Blätter sind essbar und eignen sich auch zum Trocknen als Tee oder zum Räuchern.

## BRIGID-RITUAL: FEUERRITUAL

**Dauer:** ca. 1 Stunde
**Ort:** Feuerplatz
**Utensilien:** Feuerholz, Feuerschale, Streichhölzer, Feueranzünder
**Intention: Reinigung und Loslassen von Ballast, Heilung und Segen**

**Hinweis:** Achte stets auf deine Sicherheit, wenn du ein Reinigungsritual mit Feuer durchführst. Lasse das Feuer ausbrennen und stelle sicher, dass es vollständig gelöscht ist, bevor du den Ort verlässt. Du kannst dieses Ritual auch mit einer Kerze durchführen, in diesem Fall wäre hierfür eine feuerfeste Unterlage geeignet.

Feuerrituale sind kraftvoll, weil sie elementar sind und alle unsere Sinne gleichzeitig anregen. Zur Vorbereitung suche dir einen sicheren Ort im Freien, abseits von brennbaren Materialien. Platziere eine feuerfeste Schale in der Mitte. Du kannst auch ein kleines Feuer in einem Grillwagen entzünden oder eine große Kerze aufstellen.

Suche nach Symbolen oder Gegenständen (möglichst aus Naturmaterialien), die für das stehen, was du loslassen willst. Das können ein altes Shirt, getrocknete Blumen oder Zweige sein. Du kannst das, was du loslassen möchtest, auch vorher auf ein Blatt Papier schreiben.

Ziehe einen Schutzkreis und beginne, noch bevor du das Feuer entzündest, mit der Anrufung der Göttin Brigid. Verbinde dich mit der Kraft des Ostens, der aufgehenden Sonne, des Feuers. Visualisiere alles, was du persönlich mit der Feuerenergie verbindest.

*»Mit der Magie des Feuers rufe ich dich an, Brigid, Göttin der glühenden Inspiration. Dein Licht durchdringt die Dunkelheit, dein Atem weht über das Land. In deinem Namen entzünde ich die Flamme der Kreativität, dass sie lodere wie das Schmiedefeuer deiner Hand. Ich tauche ein in die Poesie deines Seins. Deine Anwesenheit, eine Symphonie von Heilung, umhüllt mich wie sanfte Melodien.«*

Nach der Anrufung kannst du mit dem Anzünden des Feuers beginnen. Entzünde das Feuer bewusst. Während du es tust, visualisiere die Anwesenheit von Göttin Brigid. Wenn du magst, kannst du singen, rasseln oder auch trommeln, während das Feuer größer wird. Opfergaben wie Birkenblätter oder Räucherwerk können als Zeichen des Respekts dem Feuer gegeben werden.

Wenn das Feuer gleichmäßig brennt, benenne deine Intention. Konzentriere dich auf deine Absicht, negative Energien oder Belastungen loszulassen. Schüttle dich aus oder spreche aus, was du loslassen willst.
Wirf die ausgewählten Symbole in das Feuer, während du

visualisierst, wie Reinigung und Erneuerung durch deinen Körper fließen. Sprich positive Affirmationen aus, die deine Absicht unterstützen. Zum Beispiel: »Ich bin befreit«, »Ich bin gereinigt«, »Ich öffne mich für die Wunder des gegenwärtigen Augenblicks«. Dann nimm dir Zeit, das Feuer zu betrachten und in Stille zu genießen.

Beende das Ritual, indem du deine Dankbarkeit gegenüber der Göttin ausdrückst. Löse den Schutzkreis und bedanke dich für die Reinigung und die Transformation.

## BRIGID-MEDITATION: INNERES KIND

**Dauer:** mindestens 20 Minuten
**Unterstützend:** sanfte Entspannungsmusik mit Naturgeräuschen
**Ort:** ruhiger Raum, der Geborgenheit vermittelt
**Wirkung: Meditation, um Kontakt zu deinem inneren Kind aufzunehmen und dich mit ihm zu versöhnen**

Häufig leiden Frauen darunter, dass sie nicht mit der weißen, jungfräulichen Kraft der Göttin in Kontakt kommen können. Der Grund ist, dass das eigene innere Kind noch verletzt ist und der Heilung bedarf. Das Verbinden mit dem inneren Kind ist ein wichtiger Aspekt der Selbstentwicklung und Heilung. Wenn wir Reinigungsrituale praktizieren, dann häufig, weil die Vergangenheit in uns ihre Spuren hinterlassen hat. Das innere Kind repräsentiert die Erfahrungen und Emotionen aus der Kindheit. Durch die Verbindung mit diesem Anteil können wir alte Wunden erkennen, akzeptieren und lernen, mit uns selbst einen versöhnlicheren Umgang zu pflegen. Der Umgang mit unserem »kindlichen Selbst« hilft

uns, unsere Bedürfnisse, Wünsche und Mängel besser zu verstehen.
Vor allem Frauen, die an ihrer persönlichen Entwicklung interessiert sind, kennen die Traumata ihrer Geschichte gut. Mit der Förderung der Selbstfürsorge lösen sich manche Blockaden und Muster. Dieser Weg ist eine stetige Übung und bedarf der Geduld!
Die Belohnung dieses langen Prozesses ist, dass wir Schritt für Schritt immer sanfter mit uns selbst werden. Im besten Fall wirkt sich diese Sanftheit auch positiv auf unsere zwischenmenschlichen Beziehungen aus. Wir lernen, mitfühlender mit uns selbst und anderen umzugehen. Ein Weg, der sich immer lohnt!
Die Verbindung zum kindlichen Selbst stärkt unsere Intuition. Indem wir diese Verbindung fördern, stärken wir unsere Fähigkeit, intuitiv zu handeln und kreativ zu sein.

Versuche in dieser Meditationsreise *nicht*, in alte Geschehnisse oder Verletzungen hineinzugehen, sondern halte den Fokus bewusst mithilfe deiner Imaginationskraft auf einen gesunden und fröhlichen Aspekt deines inneren Kindes. Denn diesen Anteil gibt es auch in jeder Frau. Denke an Pippi Langstrumpf, Ronja Räubertochter und die Göttin Brigid!

Diese Meditation eignet sich gut, um sie häufiger zu wiederholen, am besten in den frühen Morgenstunden, in denen die Verpflichtungen des Tages noch nicht rufen.

**Vorbereitung**
Finde einen ruhigen Ort, setze oder lege dich bequem hin. Vielleicht liegst du noch im Bett, dann genieße die Bettwärme. Ein neuer Morgen ist angebrochen! Begrüße diesen Tag.

**Atmung**

Schließe die Augen und konzentriere dich auf deine Atmung. Atme langsam und tief ein, halte den Atem kurz an und atme dann langsam aus. Wiederhole dies, um dich zu entspannen.

**Visualisierung**

Dann stellst du dir vor, wie die Sonne deinen Tag erhellt und du auf einer wilden, bunten Blumenwiese liegst. Vielleicht gefällt dir auch die Vorstellung, dass du auf einem weichen, moosbedeckten Waldboden liegst. Du schaust dich um. Du siehst dein inneres Kind spielen. Vielleicht klettert es, oder es beobachtet Schmetterlinge, oder es ist bedeckt mit Lehm, weil es Freude daran hat, mit der Erde zu spielen. Schaue es an und spüre die bedingungslose Liebe, die du ihm entgegenbringst.

Diese Landschaft ist ein Kraftort, an dem du deinem inneren Kind immer begegnen kannst.

Beginne einen liebevollen Dialog mit deinem inneren Kind. Sprich sanft zu ihm, erzähle ihm, dass du da bist, um es zu unterstützen und mit ihm zu spielen. Frage, ob es dir etwas mitteilen möchte oder was ihm jetzt in diesem Moment guttun würde. Vertraue auf deine Eingebung. Handle nach deinen Impulsen. Wenn eine Umarmung guttut, dann folgst du dem Impuls. Vielleicht schaut ihr auch einfach gemeinsam dem Sonnenaufgang zu. Überfordert euch nicht. Lass dir Zeit.

Wenn sich im Kontakt etwas wund anfühlt, dann benenne, wie schwer es für dieses junge Mädchen war. Sage ihm, dass dieses wundervolle, kraftvolle Mädchen eine Überlebenskünstlerin ist. Teile ihm mit, dass du eine lichtvolle Göttin der Sonne kennst und diese sich schutzvoll aller Kinderwunden annimmt.

**Anrufung**

Dann bittest du Brigid zu euch. Sie schimmert so lichtvoll. Ihr könnt ihr Wesen nicht voll erfassen, da sie wie die Sonne leuchtet. Doch sie reicht euch eine Hand, die einem goldenen, warmen Sonnenstrahl gleicht. Ihr gebt eure Verletzungen diesem Sonnenstrahl mit und könnt zusehen, wie diese Last in Licht transformiert wird und davonschwebt. Zurück bleibt nur eine goldene Narbe. Dieses Ereignis löst bei euch beiden eine tiefe Freude und Erleichterung aus.

**Abschluss und Dank**

Du verabschiedest dich von der lichtvollen Göttin und lässt deine innere Kleine an diesem Kraftort weiterspielen. Dieser Ort lebt in deinen Herzkammern! Wann immer du eine Hand auf dein Herz legst, bist du in Verbindung mit dir und deinem inneren Kind. Erinnere dich: »Du bist liebenswert«, »Du bist sicher« oder »Du bist Freude«, und vor allem »Du bist gut genug«!

Dann schaust du in deinen Tag, und mit der Zauberkraft deines Herzens wünschst du dir etwas Heilsames für dich/euch. Integriere die geheilten Energien zurück in den gegenwärtigen Moment. Öffne langsam deine Augen und nimm deinen Körper in seiner vollen Präsenz wahr.

**Spirituelles Volkslied, das zu Brigid passt**

Coming light from the east :||
Seeing me :||
Hey a hey
Hey a hoo :||
Hey a hoo Hey a hoo.

Coming light from the east :||
Greeting me :||
Hey a hey
Hey a hoo :||
Hey a hoo Hey a hoo.

Coming light from the east :||
Entering me :||
Hey a hey
Hey a hoo :||
Hey a hoo Hey a hoo.

Coming light from the east :||
Being me :||
Hey a hey
Hey a hoo :||
Hey a hoo Hey a hoo.

# HERA/JUNO

*Göttin der Ehe,*
*der Familie und der Geburt*

## EINBLICK IN DIE GRIECHISCHE MYTHOLOGIE

Mit Hera begegnen wir einer majestätischen, schönen, stolzen Göttin. Ihr Leben ist reich an Mythen, und gleichzeitig wird kaum eine Göttin am Olympischen Pantheon mehr verkannt als die Göttin Hera. Hera ist das vierte Kind der mächtigen Titanen Rhea und Kronos. Gaia ist ihre Großmutter. Ihr Name wird mit »Herrin« oder »He Era« (»die Erde«) oder mit »Große Dame« übersetzt.

Noch vor ihrer Zeit am Olymp wurde sie als junge und jungfräuliche Hera in der gesamten Ägäis als oberste Gottheit verehrt. Mit Efeuzweigen baten die Menschen um ihre Gunst und baten sie um ewige Jugend. Einer Legende nach galt sie als ewig jungfräulich, denn durch ein Bad im heiligen Fluss Imbrasos konnte Hera ihre Jungfräulichkeit und Schönheit stets erneuern.

Als reife Göttin war Hera die königliche Göttin am Olymp. Sie regierte über Himmel und Erde und war für jeden Aspekt der Existenz verantwortlich. Unser Wort »Galaxie« kommt vom griechischen Wort *gala,* das »Muttermilch« bedeutet. Die Legende besagt, dass die Milchstraße aus der Milch gebildet wurde, die aus den Brüsten von Hera lief.

Hera wird mit ihren schönen großen Augen mit der heiligen Kuh in Verbindung gebracht. Die Kuh symbolisiert ihre fürsorgliche, mütterliche Aufmerksamkeit. Die »kuhäugige Himmelskönigin« schmückte sich auch mit dem Pfau, dessen schillernde Federn Anmut und Luxus symbolisierten.

Hera begleitete die Frau der Antike durch jeden Schritt ihres Lebens. Sie segnete und schützte die Ehe einer jeden Frau, brachte ihre Fruchtbarkeit hervor, schützte ihre Kinder und half ihr bei schmerzhafter Menstruation.

Zu Heras Attributen zählt der Granatapfel, ein Zeichen für die Fruchtbarkeit, das Zepter und ein Diadem, welches ein weiteres Zeichen ihrer Königlichkeit darstellt. Bekleidet war Hera zumeist mit einem Chiton, der einer römischen Tunika ähnelte und nur Hals und Arme freiließ.

Es war ihre ungewöhnliche Schönheit, die die Aufmerksamkeit ihres zukünftigen Ehemannes Zeus auf sich zog. Zeus war gleichzeitig ihr jüngerer Bruder. Um diese Vermählung ranken sich mehrere Erzählungen. Nach einem Mythos verliebte sich Hera in ihren Bruder Zeus schon bei seiner Geburt und verführte ihn als erwachsenen Mann. Ein anderer Mythos erzählt das genaue Gegenteil. Hera war zunächst gegen diese Ehe. Zeus eroberte Hera mit einer List: Als die junge und wunderschöne Göttin einmal in den Wäldern bei Argos ruhte, ließ er ein Gewitter mit dunklen Wolken und einem heftigen Platzregen aufziehen. Er verwandelte sich in einen jungen, zerzausten Kuckuck, einer ihrer Lieblingsvögel, und flatterte Schutz suchend in ihren Schoß. Nach einer Version des Mythos gebar Hera darauf drei Kinder von Zeus (Ares, Hebe, Eileithya). Die andere Version des Mythos besagt: Sie barg den jungen Vogel unter ihren Kleidern, um ihn vor dem Unwetter zu schützen, und wurde dann plötzlich von Zeus, der wieder seine wahre Gestalt annahm, übermannt. Zeus versprach Hera die Ehe, und obwohl sie sich beschämt fühlte wegen dieser List, stimmte sie widerstrebend zu.

Anlässlich der Hochzeit zwischen Hera und Zeus pflanzte Gaia einen Baum mit goldenen Äpfeln in den Garten der Hesperiden. Diese goldenen Äpfel galten als Äpfel der Unsterblichkeit. Sie waren allein für die Götter des Olymp bestimmt und spielen in diversen Mythen (wie dem Trojanischen Krieg) eine Rolle. Durch die Vereinigung von Hera und Zeus als König des Himmels entstand die klassische Hera, die eher als eine verdrießliche Gestalt dargestellt wird. Zeus war nicht monogam, er hatte mit zahlreichen Göttinnen und sterblichen Frauen Affären. Hera ging darum als die Göttin in die Geschichte ein, die Rache an den Frauen ihres Ehemannes verübte. Zeus ließ keine Gelegenheit aus, um Hera zu demütigen. Als Göttin der Ehe blieb sie standhaft an Zeus' Seite. Es heißt sogar, dass die beiden einmal im Jahr unter dem Lygosbaum auf Samos die heilige Hochzeit ewiglich wiederholen. Obwohl Zeus meist der Urheber von Zwist und Zwietracht in dieser Beziehung war, zog Hera ihn kaum je zur Rechenschaft. Sie war dafür zu sehr an seiner Macht und Autorität interessiert. Hera demonstrierte ihre Macht gegenüber Zeus eher dadurch, dass sie ohne sein Zutun, nämlich mittels Parthenogenese (Jungfernzeugung), den Gott der Schmiedekunst Hephaistos zeugte.

Es ist bedauerlich, aber wenig verwunderlich, dass es deshalb nicht Heras Fürsorge oder ihre Standhaftigkeit ist, an die heute erinnert wird, sondern vor allem ihre Eifersucht und Rachsucht.

## DIE STIMME DER GÖTTIN HERA

*Nimm einen Bissen von meinem goldenen Apfel. Befreie dich aus der Trance der Verblendung! Wenn du wahrhaftige Erkenntnis erlangen willst, dann muss dein Blick tiefer gehen. Schon zu lange wurde euch Menschenfrauen Würde und Macht genommen. Der Blick in eure Historie ist einseitig und getrübt durch die Blicke der Männerwelt.*

*Es gibt immer eine Geschichte in der Geschichte. Wenn du herausfindest, was sich hinter meiner Geschichte verbirgt, dann wirst du verstehen, wieso ich nie des Kampfes gegen das Verhalten des Göttervaters müde wurde. Ich bin die Königin der Götter! Was mich von dir wesentlich unterscheidet: Ich kenne keine Moral, Ich fühle mich weder schuldig, noch hinterfrage ich mein Handeln! Für mich gibt es keine menschlichen Maßstäbe. Mir Rache und Eifersucht zuzuschreiben, ist der klägliche Versuch, meine Macht zu schmälern. Ich kenne jede List des Göttervaters, und darum habe ich mich dem Schutz der Ehe und der Frauen angenommen. Meine Ehe ist die heilige Hochzeit zwischen Himmel und Erde! Gerät dieses Gleichgewicht aus den Fugen, dann hat es Auswirkungen auf größere kosmische Gesetze. Dieses Gleichgewicht war mir stets heilig, darum verteidige ich das Bündnis und greife alles an, was dieses Bündnis gefährdet.*

*Fruchtbarkeit und Wachstum gedeihen, wenn es ein ebenbürtiges Gleichgewicht zwischen den weiblichen und männlichen Kräften gibt. Jede Vereinigung zwischen diesen Polen spiegelt den Kreislauf und die wechselnden Phasen des Lebens wider. Ist dieses göttliche Gleichgewicht gestört, dann entsteht Zwietracht, und die Fruchtbarkeit der Erde vertrocknet. Die Folgen der Entmachtung der Göttinnen könnt ihr nur zu gut spüren.*

*Als Muttergöttin ermutige ich dich dazu, dir deiner Stärke bewusst zu sein. Setze dich entschlossen für das ein, was dir wichtig ist. Achte auf deine Verantwortung dir selbst gegenüber. Vergiss nicht, dass in dir sowohl die weiblichen als auch die männlichen Kräfte angelegt sind. Die weibliche Kraft in dir ist erdverbunden, empfänglich, fürsorglich, anpassungsfähig, einfallsreich und sanftmütig. Deine männliche Kraft ist energisch, kraftvoll, entschlossen, fokussiert und feurig. So viel Potenzial wirkt in dir! Du musst dich weder für das eine noch das andere entscheiden. Es geht nicht um die Trennung dieser Pole, sondern um den Ausgleich und die Verbindung. Es bleibt eine fortwährende Aufgabe, diese Kräfte in sich zu kultivieren, um die Balance darin zu finden. Ähnlich dem ewigen Tanz zwischen dem Tag und der Nacht ist auch der Tanz zwischen Zeus und mir und damit auch zwischen deinen männlichen und weiblichen Anteilen. Komm, tanz mit mir! In diesem Tanz hat jede Kraft ihre eigene Melodie, und im natürlichen Wechsel der Melodien, die ineinander verschmelzen, geht nie ein Potenzial verloren.*

## DIE KRAFT DER GÖTTIN: WARUM SIE VON BEDEUTUNG FÜR UNS IST

Die klassische Hera (in der gängigen Literatur) konfrontiert uns mit einem schattenreichen Frauenbild. Sie ist eine Frau mit »niederen« Gefühlen, die eifersüchtig ist und Rache übt. Wir hören von Frauen, die gegen Frauen kämpfen, von Frauen, die sich gegeneinander ausspielen. Weiterhin hören wir von Frauen, die Demütigungen und Gewalt ausgesetzt sind, weil ein Gott sich ihrer bemächtigen kann, wie es ihm beliebt.

Kennen wir nicht alle Frauen, die eifersüchtig ihr kleines Ehereich bewachen? Oder Frauen, die in Beziehungen verharren, die ihnen Kraft rauben, Frauen, die abhängig sind von den Launen ihrer Partner:innen und um des Friedens willen alle diese Launen tolerieren? Und ist es nicht sogar so, dass jede Frau diese Art der Demütigung kennt?

Frauen weltweit werden betrogen und belogen. Ihre Stärke wird nicht gewürdigt. Selbst in Ehen, in denen die Frauen die »Hosen anhaben«, wird ihr Einfluss belächelt. Dieser Schattenanteil der Hera lebt in jeder von uns. Denn er ist das kollektive Erbe von uns Frauen als Folge jahrtausendelanger Unterdrückung.

Fast 2800 Jahre lang hat die Geschichte von Hera und Zeus zahlreiche Interpretationen erfahren. Immer schnitt Hera als Göttin schlechter ab, obwohl Zeus der Auslöser des Übels gewesen ist. Doch bevor wir weiter verurteilend auf Hera herabblicken (und damit stellvertretend auf ihre Anteile in uns), sollten wir uns fragen, was eigentlich im Laufe der Geschichte passiert ist. Wieso entwickelt eine Frau »Eifersucht«? Welche ihrer Bedürfnisse werden nicht befriedigt? Wieso neigt sie zu Unsicherheit? Warum tut sie alles, um diese Beziehung aufrechtzuerhalten? Kurz: Was ist ihre Geschichte?

Von Hera lernen wir Stärke und Standhaftigkeit. Sie ist für ihre Überzeugung und vor allem für ihre Aufgaben als Göttin eingetreten. Selbst in schwierigen Zeiten, als Zeus mit anderen Göttinnen Kinder zeugte, war sie fokussiert auf das, wozu sie angetreten war.

Wir stecken nicht in den Schuhen anderer Frauen! Somit können wir von Hera lernen, andere Frauen nicht zu verurteilen! Darüber hinaus sind wir selbst nicht davor geschützt, von anderen Frauen verurteilt zu werden, denn dieser Schatten wird schon seit Generationen weitergegeben.

Wir sollten endlich anfangen, diese Wunden zu heilen. Betrauern, was alles an Last auf den Schultern der Frauen liegt. Man kann an Hera zerren, sie verbiegen wollen, sie kränken, doch tief in ihrer Seele ruht eine ursprüngliche Kraft, die sich nie vollkommen unterwerfen lässt. Wir sollten somit all die Erfahrungen von Missgunst auf einen Komposthaufen legen und daraus fruchtbare Erde werden lassen. Diese Erde ist weder schmutzig noch schambehaftet! Sie bildet unser Fundament, auf dem wir unsere Stärke als Frauen aufbauen sollten. Denn die Schattenfrau ist nur eine Seite der Medaille. Genauso können Frauen auch mutig sein – wie die Göttin selbst – und aus dem Hera auferlegten Schatten heraustreten.

Wir sollten Heras Geschichte in der Tiefe verstehen und daraus ein neues Frauenbild kreieren. Hera ist eine Königin, sie ist eine Leben spendende Schöpferin mit zerstörerischer Kraft, eine Göttin, die durchschneidet, was dem Gleichgewicht des Lebens nicht dient! Hera ist Ratgeberin und Schutzbringende zugleich.

Hera war vielleicht die erste Feministin, die sich nicht alles von Zeus gefallen ließ! Raffinesse zeichnet sie aus. Sie zeigt uns, dass es darum geht, die eigene Stärke zu leben. Wir dürfen unsere »ursprüngliche weibliche Göttinnen-Kraft« wieder einfordern! Erst dann müssen Frauen in anderen Frauen nicht mehr eine potenzielle Gefahr und Gegnerinnen sehen.

Von Hera lernen wir auch, dass Fürsorge und Hingabe nicht enden sollten. Sie verschenkt sich immer wieder. Als Göttin bleibt sie in ihrer Liebe. Somit erinnert sie uns daran, nicht klein beizugeben, wenn etwas aus der Balance gerät oder der Haussegen schiefhängt. Wir können lernen zu differenzieren und uns unsere Liebensfähigkeit bewahren.

Wir alle leben mit Bindungen und Verpflichtungen, und genau hier lehrt uns Hera, für uns selbst zu sorgen! Sie nimmt immer wieder ein Bad in der Quelle der Jungfräulichkeit, das heißt, sie weist uns darauf hin, dass wir unsere Unabhängigkeit und unser Selbstbewusstsein pflegen sollten. Wir können autark und frei sein trotz aller Bindungen und Verpflichtungen.

Als Göttin der Familie steht sie auch für den Zusammenhalt, den eine Familie im besten Sinne geben kann. Wir können von ihr lernen, wie wichtig es ist, für unsere Familien und Gemeinschaften einzustehen und sie zu stärken.

Ich selbst bin in einem reinen Frauenhaushalt groß geworden. Meine Schwestern und ich stammen jeweils von anderen Planeten ab, so unterschiedlich sind wir. Selbst wenn meine Mutter nicht alles richtig gemacht hat in der Erziehung, hat sie uns doch nicht gegeneinander als Frauen ausgespielt. Frauensolidarität war ein unausgesprochenes Familiengesetz! Das hat mich geprägt, und das ist einer der Gründe, warum ich Frauenkreise halte und liebe. Meine wichtigsten Ausbildungen und Initiationen habe ich durch Frauen erhalten.

Der Kontakt zu meiner Familie ist mir ein wichtiges Gut, obwohl es viele Verletzungen gab. Ich kann Heras Treue zu ihrer Familie sehr gut nachvollziehen. Das ist einer von vielen Gründen, warum sie mir am Herzen liegt. Für mich ist sie eine Göttin, die unerschrocken ihr eigenes Leben verteidigt. Ihre Listigkeit gefällt mir am meisten, davon kann ich noch viel lernen, denn als »brave« Waldhexe bin ich tolerant und zugewandt, anstatt auch einmal auszuflippen, zu schimpfen und zu toben, wenn jemand mein Reich verletzt.

## ALTAR ZU EHREN DER GÖTTIN HERA

Eine königliche Göttin braucht einen edlen Altar. Samtene Stoffe sind Hera angemessen. Folgende Farben bieten sich an: Royalblau, Samtrot, dunkles Grün, Weiß. Gold- und Silberschmuck darf diesen Altar zieren. Ein Bild der Milchstraße, Bilder von Kühen oder Pfauenfedern bieten sich ebenfalls an. Wer diese besitzt, kann auch gerne eine Feder vom Kuckuck verwenden. Ein Apfel oder Granatapfel sollte auf diesem Altar nicht fehlen. Darüber hinaus kannst du alles verwenden, was deinen Selbstwert stärkt.

## MOMENTUM: DER OPTIMALE ZEITPUNKT FÜR DIESES MAGISCHE RITUAL

In der Antike wurden die meisten Ehen im Januar geschlossen, in diesem Monat fanden traditionell die Gamelienfeste statt - Opferfeste zu Ehren der Göttin Hera. Gamelia ist ein anderer Name für Hera und bezeichnet auch einen Monat im attischen Kalender. Unter dem Segen der Göttin galten in diesem Monat geschlossene Bindungen als die glücklichsten. Somit eignet sich dieser Monat gut, um mit der Göttin zeremoniell in Kontakt zu treten oder auch, um zu heiraten.

Der Name Juni leitet sich von der Göttin Juno ab, die die römische Entsprechung von Hera ist. Um Mittsommer gibt es zahlreiche Blütenfeste, Hochzeiten, Tanzveranstaltungen. Die Mittsommernacht ist für Liebende in aller Welt ein bedeutender Tag, um Freudenfeuer anzuzünden, das Leben in seiner Fülle zu feiern, dem Genuss und der Sinnlichkeit Ausdruck zu verleihen. Mittsommer ist seit jeher ein Fest der

Gemeinschaft. Eine gute Zeit also, seine Familie und Freunde zusammenzurufen oder in die alte Heimat zu reisen, um dort seine Lieben zu besuchen.

## PFLANZLICHE VERBÜNDETE DER GÖTTIN: GRANATAPFEL

Im Kapitel der Göttin Holle gehe ich auf den Apfel ein, hier möchte ich den Fokus auf den Granatapfel legen. Der Name »Granatapfel« ist abgeleitet vom Lateinischen *malum granatum*, was so viel bedeutet wie »mit Kernen versehener Apfel«. Diese sehr gesunde Beere hat viel mediterranen Charme. Wer schon einmal die wunderschönen roten Blüten des Granatapfels gesehen hat, wundert sich nicht, dass diese Pracht als »Göttinnen-Frucht« verehrt wird. Einer oben nicht erwähnten Geschichte nach heißt es sogar, dass die Göttin Hera in der Frucht geboren wurde.

In der Kunst wird Hera oft mit einem Granatapfel dargestellt, sei es als Attribut in ihrer Hand oder als Teil ihrer Erscheinung.

Der Granatapfel wird mehreren Göttinnen zugeordnet und taucht mehrmals in der griechischen Mythologie und Kunst auf. Die wohl berühmteste Geschichte ist diese: Einst stritten die griechischen Göttinnen Athene, Aphrodite und Hera, welche von ihnen die Schönste sei. Der Trojaner Paris beendete den Disput im Auftrag von Zeus mit einer einfachen Geste. Er reichte Aphrodite einen reifen Granatapfel und ernannte sie damit zur schönsten Göttin. Seitdem ist der Granatapfel Sinnbild für Schönheit, Fruchtbarkeit und Lust.

Bei den alten Griechen und Römern trugen junge Bräute blühende Granatapfelzweige. Der Granatapfel steht nämlich auch für die Ehe, da die vielen Samen in seinem Inneren als die Vielzahl der Beziehungen in einer Ehe interpretiert werden können.

Auch im sumerischen Reich (bei der Göttin Inanna) galt der Granatapfel als Symbol von Macht sowie als Symbol der Fruchtbarkeit, der Liebe und des Reichtums.

In der Antike wurde die rote Farbe zum Färben von Teppichen und Tinte genutzt. Der Granatapfel ist ein Superfood, das unseren Körper vor schädlichen Einflüssen und Krankheiten schützt. Unter anderem sind Vitamin C sowie viele wichtige Mineralstoffe wie Kalium, Phosphor, Eisen, Kalzium und sekundäre Pflanzenstoffe in ihm enthalten.

In der Wicca-Tradition nutzen wir den Granatapfel, um Liebeszauber zu wirken oder den Kinderwunsch zu bekräftigen: Bei Vollmond bittet man die Göttinnen um ihren Segen für eine Schwangerschaft und legt die Frucht auf den Venushügel der Frau, die ein Kind empfangen möchte. Anschließend werden die Samen einzeln verspeist, um sich seine eigene Fruchtbarkeit zu vergegenwärtigen.

Granate, scharlachrote Halbedelsteine, die in Form und Farbe an Granatapfelkerne erinnern, tragen ihre Namen in Anlehnung an diese Frucht, was auch zeigt, welcher Reichtum (Gesundheit) in dieser Frucht steckt.

## HERA-RITUAL: KRÖNUNGSRITUAL

**Dauer:** ca. 1 Stunde

**Utensilien:** ein selbst geflochtener Blumenkranz oder eine gekaufte Krone, ein Granatapfel

**Intention: deine Lebensmitte würdigen**

Hinweis: Dieses Ritual bietet sich dafür an, dass liebe Menschen es für dich ausrichten. Du kannst es mit einer Gruppe veranstalten, wenn du zum Beispiel einen anderen Menschen würdigen willst.

Göttin Hera ist eine Königin! Diesen Aspekt wollen wir uns bei diesem Ritual zunutze machen und uns auch in der Frauensolidarität gegenseitig stärken.
Für die Jugend gibt es einige heilsame Rituale wie die Bar Mitzwa, Quinceañera, die Konfirmation, Coming-of-Age-Zeremonien oder Initiationsriten, die den Übergang vom Kind zur Erwachsenen markieren. Doch gerade in unserer Lebensmitte - die den Höhepunkt der fruchtbaren, roten Frau darstellt - vernachlässigen wir es, unser Lebenswerk zu würdigen, obwohl diese Blütezeit besonders viel Anerkennung braucht! Wir erfüllen verschiedenste Rollen als Ehefrau, Freundin, Ratgeberin, Schwangere, Mutter, Arbeiterin, Chefin, um nur einige zu nennen. Wenn wir uns mit der Göttin Hera beschäftigen, sollten wir uns an die Königin in uns erinnern. Jede Frau hat ein Reich, für das sie Verantwortung trägt. Jede Frau kommt mit einer besonderen Gabe, einem besonderen Talent zur Welt, welches meist in der Lebensmitte zum Ausdruck kommt. Königin zu sein bedeutet, dass Frau sich in der Lebensmitte respektiert und ihre Kräfte als reife Frau nutzt, um ihre Magie zu entfalten und zu verbreiten. Königin sein bedeutet auch, dass Frau ihre Bedeutung für ihre Gemeinschaft nicht herunterspielt, sondern annimmt. Wenn wir uns der Königin in uns bewusst werden, dann sind wir keine Opfer mehr, sondern können voller Achtung auf unsere Leben schauen! Wir würdigen, was wir schon alles gemeistert haben!

Werde dir deiner inneren Stärke, Weisheit und Führungsfähigkeiten bewusst. Stelle alle deine Zweifel für einen Moment vor die Haustür!

Gestalte den Altar wie vorher beschrieben. Vielleicht besorgst du dir schöne Blumen. Schaffe dir einen Raum, der Festlichkeit ausstrahlt.
Beginne dich für die Präsenz deiner Königinnen-Kraft zu öffnen. Bitte die Göttin Hera um ihren Beistand:

*»Göttin Hera, Königin des Himmels und Beschützerin der Ehe, ich rufe dich an in dieser heiligen Stunde, um deine Weisheit und Kraft zu empfangen. Als Göttin der Frauen und Mütter bist du mir Vorbild für Stärke und Liebe. In deiner Präsenz finde ich Unterstützung, um meine Stärke zu leben. Segne dieses Ritual und lasse mich an der Quelle deiner Erhabenheit teilhaben.«*

Nimm dir Zeit für Selbstreflexion, um dich auf deine innere Königinnen-Kraft zu konzentrieren, benenne laut und deutlich, was du an deiner roten Kraft magst, was dich auszeichnet. Falls jemand das Ritual für dich zu Ehren durchführt, dann ist dies ein guter Zeitpunkt, um euch gegenseitig Komplimente zu machen. Sagt zum Beispiel: »Ich ehre dich, weil du …« Nehmt alles, was ihr hört, in eure Herzen auf.

Wenn alle Würdigungen ausgesprochen sind, dann bittest du eine Hera-Freundin, dich mit ihrem Zepter zu krönen und dich zu segnen. Wenn du das Ritual allein durchführst, imaginiere diese Handlung. Spüre die Kraft der Krone, richte dich innerlich auf. Falls dir die Symbolik der Krone nicht gefällt, dann verziere einen Spiegel als Symbol der Selbstliebe und Selbstachtung oder lasse dir einen Granatapfel überreichen.

Teile dein Empfinden mit anderen Frauen, ermutige sie, ihre eigenen Stärken und die Königinnen-Kraft in sich zu erkennen und zu feiern.

Beendet das Ritual mit einem Dank an die Göttin und an alle Anwesenden. Vielleicht ist dir noch danach, dass auf euer Wohl angestoßen wird. Hierfür eignen sich besonders Getränke mit einer roten Farbe wie zum Beispiel Granatapfelsaft. Wenn du das Ritual allein durchgeführt hast, trinke auf dein eigenes Wohl.

**Variante**

Falls du im Übergang zur schwarzen Kraft oder schon durch die Wechseljahre gegangen bist, kannst du dieses Königinnen-Ritual dafür nutzen, um dich von der roten Kraft zu verabschieden. Das Versiegen der Menstruation ist eine weitere heilige Schwelle, durch die alle Frauen gehen und die gar nicht genügend gewürdigt werden kann.

## HERA-MEDITATION: EMOTIONSFÜLLE

**Dauer:** mindestens 20 Minuten
**Unterstützend:** Musik mit Donner und Regen
**Ort:** ein ungestörter Platz zu Hause und eventuell Zettel und Stift, falls du etwas aufschreiben magst
**Wirkung: Meditation zur Akzeptanz von negativen Gefühlen**

Die folgende Hera-Meditation bietet eine gute Praxis für die Fülle aller Gefühle.

Sind wir verletzt worden, sind wir wütend oder schmieden wir gar Rachepläne gegen Ungerechtigkeit, die uns widerfahren ist, ist Göttin Hera die Letzte, die sagt: »Stopp, das ist nicht richtig!« Im Gegenteil, Hera ruft uns Frauen zum heiligen Zorn auf. Negative Gefühle sind da, um gefühlt zu werden, und genau

diese Tatsache fällt uns oft schwer. Niemand möchte sich negativen Stimmungen aussetzen, vielmehr wollen wir damit gar nichts zu tun haben. Manchmal schämen wir uns auch für die Kraft unserer negativen Gedanken, die sich hinter der Rache verbergen. Wir fühlen uns schwach oder unreif. Doch gerade diese negativen Gefühle besitzen Macht! Wenn wir sie unterdrücken, kochen sie irgendwann über, und wir verlieren die Kontrolle über unser Handeln.
Kämpfe nicht gegen diese Gefühle an und lasse den Widerstand los, etwas an deiner Situation verändern zu wollen. Erkenne vielmehr an, dass du in diesem Moment eine bestimmte Erfahrung machst, die wehtun darf! Und anstatt dir von der negativen Erfahrung das Steuer aus der Hand nehmen zu lassen, bietet uns diese Erfahrung die Möglichkeit, die negativen Gefühle mitfühlend zu beobachten, ohne dass wir sie bewerten, gegen sie ankämpfen oder gar versuchen, ihnen ihre Existenz abzusprechen oder andere für unser Empfinden verantwortlich zu machen.

**Ankommen und Verwurzeln**

Setze dich in eine bequeme Position und schließe deine Augen. Atme tief ein und aus und rufe die Präsenz der Göttin Hera in deinem Geist herbei. Spüre ihre Stärke und Weisheit um dich herum.

**Annehmen und Visualisieren**

Bringe deine Aufmerksamkeit auf eine schmerzhafte Situation oder ein negatives Gefühl wie zum Beispiel Wut. Lasse das Gefühl in dir aufkommen. Erlaube dir, dieses Gefühl ohne Urteil oder Widerstand zu spüren. Halte inne. Erlaube dir, zu fühlen, wo genau du im Körper dieses Gefühl wahrnimmst. Verleihe diesem Gefühl Ausdruck, sei es durch eine Geste oder indem du dich auf die Körperstelle konzentrierst,

wo du das Gefühl spürst. Du kannst auch deine Hand auf diese Körperstelle legen.
Während du deine Gefühle erforschst und ausdrückst, erinnere dich daran, dass du von der Göttin Hera geliebt und geschützt wirst.
Erlaube dir, dich selbst liebevoll zu umarmen und mitfühlend zu sein.

**Ausdruck**
Worin liegt der Erfahrungsschatz dieser Gefühle? Wenn du dazu bereit bist, gib deinen Gefühlen einen weiteren Ausdruck, sei es durch eine verbale Äußerung, das Schreiben in ein Tagebuch oder indem du dich durch Kunst oder Bewegung ausdrückst. Fühle die Präsenz der Göttin Hera, die dich dabei unterstützt und ermutigt.

**Segnung**
Stelle dir vor, wie die Präsenz der Göttin Hera dich umgibt und dich mit ihrer kraftvollen Energie durchflutet. Sieh, wie sie deine schmerzhaften Gefühle umhüllt und dich dazu ermutigt, wie ein Stern in der Milchstraße zu leuchten. Sie sagt: »Alles darf sein. Alles wandelt sich. Kein Zustand bleibt ewiglich. Entspanne!« Jedes Gefühl ist Ausdruck deiner menschlichen Lebendigkeit.

**Abschluss und Dank**
Beende die Meditation, indem du der Göttin Hera für ihre Unterstützung dankst. Bedanke dich bei dir selbst, dass du den Mut hattest, dich mit unschönen Gefühlen auseinanderzusetzen.

# HESTIA/ VESTA

*Göttin des Herdfeuers, des Tempelfeuers, des Staatsherdes sowie der Familie*

## EINBLICK IN DIE GRIECHISCHE MYTHOLOGIE

Kann es eine Göttin gegeben haben, die an gar keinem Krieg beteiligt war, keine großen Mythen brauchte, ohne Beinamen auskam und sich ganz und gar zurücknahm, still und friedlich vor sich hin wirkte? Ja, es gibt diese Göttin, und sie heißt Hestia. Hestia hatte keine Machtinsignien wie Bogen oder Schwert und war nicht an Intrigen und Konflikten der Götterwelt beteiligt. Es gab keine Statuen dieser Göttin, denn Hestia nahm nie menschliche Gestalt an. Dennoch wurde sie als eine der zwölf Hauptgottheiten am Olymp sehr verehrt. Hestia hatte einen ausgleichenden

Charakter, vielleicht auch deswegen, weil sie eine jungfräuliche Göttin war und deswegen vollkommen erfüllt war und sich ganz selbst gehörte.

Sie ist formlos, ein tanzender Funken. Wie jedes »kontrollierte« Feuer wärmt und nährt sie. Der Name Hestia bedeutet schlicht »Herd«. Ihre Aufgabe ist es, über das heilige Herdfeuer zu wachen. Sie ist die Göttin des Herdes oder, genauer gesagt, der Feuerstelle, welche sich im antiken Griechenland immer in der Mitte des Hauses befand. Sie ist nicht das Feuer selbst, sondern die Kraft, die über das Feuer wacht. Man könnte sagen, sie ist das Plasma, das die Flamme umgibt und sie zum Leuchten bringt.

Sie würde nie mit dem Entfachen eines Großbrandes in Verbindung gebracht werden. Vielmehr verkörpert sie die positiven Eigenschaften des Feuers. Hestia spendet Trost, Schutz, Nahrung und Reinigung. Sie steht für ein Ideal der Götterwelt, die Verkörperung von Einfachheit, Demut, Geborgenheit und Stabilität. Ihr Wirken ist immer friedlich.

Die Küche, der Herd, der Kessel und die Nahrungszubereitung sind Mittelpunkt einer jeden Familie. Darum gilt Hestia als Göttin für die Familieneinheit. Erst wenn der Herd oder die Feuerstelle eines Hauses der Göttin Hestia geweiht war, galt dieser Ort als heilig und wurde wirkliche Heimat. Somit verkörpert Hestia das Zuhause, den »sicheren Ort« eines jeden Menschen.

Sie war darüber hinaus Göttin des Staatsherdes und der Heiligen Feuer in Tempeln – das ewige Licht, das nie wirklich erlöschen sollte. Ihre Tempel dienten als Treffpunkt für öffentliche und religiöse Zeremonien. Ihr wurde oft bei Familienzeremonien, Mahlzeiten und Opferritualen geopfert, um ihre Gunst zu gewinnen.

Hestia ist das erste Kind von Kronos, dem Gott der Zeit, und Rhea, der Göttin der Mutterschaft. Ihre Eltern waren beide mächtige Titanen und die Kinder von Gaia und Uranos. Rhea ist die Mutter einiger olympischer Götter wie Poseidon, Zeus, Hera, Demeter und Hestia. Kronos verschlang seine eigenen Kinder, um seine Macht zu bewahren. Hestia wurde als erstes seiner Kinder von ihm verschlungen. Umgekehrt ist Hestia das letzte der Kinder, das Kronos auf Befehl seines jüngsten Sohnes Zeus wieder ausspucken musste. Sie ist das Kind von Kronos, das am längsten im Bauch des Vaters verweilt hat.

In moderneren Darstellungen wird Hestia mit dem Haus, dem Schlüssel (da der Schlüssel der Zugang zur Wohnstätte ist) und dem heiligen Kessel der Fülle und Heilung in Verbindung gebracht. Im Griechischen gibt es eine Redewendung: »Fang bei Hestia an!« Sie bedeutet: Gehe die Dinge von ihrem Ursprung an. Alle Phänomene, Ereignisse oder Handlungen haben eine Wurzel. Den Ursprung von etwas zu verstehen, hilft, unsere eigene Entwicklung zu verstehen. »Ursprung« kann auf die Herkunftsfamilie hindeuten. Vielleicht will die Göttin uns aber auch daran erinnern, dass alle Dinge aus einer universellen Wurzel entstehen und miteinander verwandt sind. Wir alle sind eine große Familie.

## DIE STIMME DER GÖTTIN HESTIA

*Bei meiner Empfängnis war ich im Schoß meiner Mutter Rhea, sie legte mir all ihr Wissen über die Mütterlichkeit in meine Stammeserinnerungen. Nach meiner Geburt nahm sich mein Vater, Kronos, meiner an. In seinem Bauch lernte ich alles über die Unendlichkeit der Zeit. Er lehrte mich alles über die Geduld. Im Bauch meines Vaters war ich meinen Ge-*

schwistern sehr nah, Begeisterung, Raufereien und Missmut teilten wir miteinander. Streitigkeiten interessieren mich seitdem nicht mehr! Hier lernte ich, dass Liebe und Versöhnung Frieden erschaffen.

Wer wie ich lange von Mutter und Vater genährt wurde, weiß um das Wohl der Familie. Die Familie ist mir heilig. Ich weiß, dass bei euch Menschenkindern dieses Verhältnis oft verletzt ist, doch glaubt mir, selbst bei den Göttern war es nicht anders.

Darum habe ich mir zur Aufgabe gemacht, das Gefühl der Beheimatung zu schützen. Die Gebärmutter und alle Nester sind Orte der ersten Erfahrung von Beheimatung, hier reift das Leben heran und wird behütet.

Familie ist für mich ein Ort der Anreicherung, der Verbundenheit, der Entfaltung und des Genährtwerdens. Das Heilige Feuer spiegelt meinen Kosmos wider! Körper - Haus - Kosmos bilden eine Einheit. Und wo, wenn nicht am heiligen Herdfeuer, könnt ihr euch an diese Einheit besser erinnern? Sobald im Kessel gerührt wird, die Rauchschwaden den Duft von Gewürzen ausströmen und der Leib genährt wird, entspannt sich selbst das einsamste Menschenherz. Mein Heiliges Feuer gehört allen. Ich unterscheide nicht zwischen Göttern, Staatsmännern, Priesterinnen und einfachen Bauern, denn ich bin von großzügiger Natur. Alle sehen dasselbe Licht und spüren die gleiche wärmende Kraft.

Meine Liebe empfängst du durch drei heilsame Fackeln: Meine erste Fackel dient deinem Verdauungsfeuer. Mit dieser Fackel erinnere ich dich daran, für das Wohl deines Körpers Sorge zu tragen, denn dein Körper sollte dir Heimat und Familie gleichzeitig sein.

Dann reiche ich dir eine zweite Fackel, denn ein jedes Wesen braucht einen sicheren Ort, eine Behausung, eine Höhle, in der es das Gefühl des Schutzes erfahren kann. Bei dieser Fa-

*ckel kannst du dich niederlassen und dich nähren. Hier bin ich das Licht in der Dunkelheit und wärme deinen Leib.*
*Die dritte Fackel leuchtet in den heiligen Tempeln. Dieses Licht darf nie erlöschen, damit Götter und Sterbliche sich immer daran erinnern, dass auch sie eingebettet sind in die Urheimat des gesamten Alls.*

## DIE KRAFT DER GÖTTIN: WARUM SIE VON BEDEUTUNG FÜR UNS IST

Die Wohnstätte, die persönliche Niederlassung, der sichere Ort, die Beheimatung ist ein menschliches Grundbedürfnis. Dieses Grundbedürfnis entstand in den frühen Epochen der menschlichen Entwicklung, als wir lernten, uns der Umgebung anzupassen. Die Kunst, das Feuer zu hüten, war für unsere Urahnen essenziell und magisch. Es schützte vor wilden Tieren, machte Nahrung bekömmlicher, wärmte in der Kälte und war jahrtausendelang unsere einzige Lichtquelle in der Dunkelheit. Am Feuer wurden die heiligen Geschichten weitergegeben. Das Feuer bildete auch die ursprüngliche Mitte eines jeden Altars.

Erst mit der Kunst des Feuerhütens konnten wir uns an Orten niederlassen, die sonst unbewohnbar gewesen wären. Feuer zu schüren, ohne ein Zündholz zu gebrauchen, ist gar nicht so leicht. Da war es weiser, das Feuer gar nicht erst ausgehen zu lassen, indem man unter der Asche einen glimmenden Funken bewahrte und bei Bedarf wieder entfachte. Die Feuerstelle war ein heiliger Ort, ein ruhender Pol, um den sich das Leben aller Menschen drehte, und manchmal bestimmte der Erhalt der Feuerstelle sogar das Überleben eines ganzen Dorfes.

Als die Menschen sesshaft wurden, kam die Feuerstelle in die Wohnstätten. Das Haushalten, das Nähren, die Rituale, die Opfergaben wurden am Anfang der Obhut der Frauen übergeben. In matriarchalen Gesellschaften gilt der Herd für jedes Mitglied der Hausgemeinschaft als »Nabel der Welt«. Hier gibt es ein weiteres Sprichwort von uns Wiccan: »Der Herd ist unsere Mutter.« Das bedeutet, die Erde ist die große Mutter, die uns alle ernährt. Von ihr bekommen wir Kraft und Nahrung und können sie verwandeln. Der Herd ist also der Platz, der für die Erde steht. Er ist bis heute vorwiegend der Platz der Frauen.

Der Herd war der Ort, an dem die Familie zusammenkam, um Mahlzeiten zuzubereiten und gemeinsam zu essen. Da Frauen häufig für die Kinderbetreuung und den Haushalt verantwortlich waren, lag es nahe, dass sie auch für das Kochen zuständig waren. Darüber hinaus verfügten sie oft über das notwendige Wissen und die Fähigkeiten, um Nahrung zuzubereiten und zu kochen, da diese Kenntnisse von den Großmüttern auf die Mütter übertragen wurden.

In der Antike wurde den jungen Mädchen das Heilige Feuer anvertraut. Hier taucht die Symbolik der Jungfräulichkeit wieder auf, in der sich die Reinheit von Hestia widerspiegelt.

Vergegenwärtigen wir uns all diese Tatsachen, dann bekommen wir einen Funken Ahnung davon, welche Macht von der Göttin Hestia ausging! Sie war die Hüterin der vielen Flammen, die Generationen geformt haben. Göttin Hestia konnte allen Worten am Feuer lauschen und blieb dennoch immer friedlich. Sie war somit auch eingeweiht in alle Gespräche, Zauberformeln und Geheimnisse, sei es in der Familie, in Dorfgemeinschaften, im Staatswesen und in den heiligen Tempeln. Sie lädt zur Kontemplation ein, sobald die

Flamme entzündet ist, egal, ob es sich um die Flamme eines Kerzenlichts, eines Kaminfeuers oder eines Lagerfeuers handelt.

Das Herdfeuer war und ist der Platz der weiblichen Magie. Schamaninnen, Druidinnen und Wiccan wissen um die Alchemie, die von der magisch-transformierenden Kraft des Feuers ausgeht. An jedem Herdfeuer kann man das Heilige mit dem Profanen verbinden.

Heute ist unser Herdfeuer der elektrische Herd. Nach wie vor wird gekocht, Nahrung zubereitet und mancher Zaubertrunk hergestellt. Die Küche ist immer noch Dreh- und Angelpunkt eines jeden Haushalts. Fernwärme und Zentralheizung machen es aber nicht ganz einfach, mit der Göttin in Verbindung zu treten. Darum habe ich in der Küche einen kleinen Kessel und ein Bild des Feuers zu Ehren der Göttin Hestia aufgestellt. Am Herd liegt auch mein Ahnenlöffel, mit dem ich jede Speise für die Ahnen mit rühre. Wann immer ich mein Kaminfeuer anzünde oder die Feuerstelle für die Workshopgruppen vorbereite, bitte ich die Göttin Hestia (oder Brigid) um Beistand. Es ist also sinnvoll, wenn wir Göttin Hestia wieder mehr Platz in unseren Wohnstätten einräumen.

Die Göttin Hestia bringt uns dazu, uns mit den drei ihr zugeordneten, wichtigen Themen Körper – Haus – Kosmos zu befassen.

### Körper

Der Körper ist unsere erste Wohnstätte. Immer, wenn wir ihn pflegen und nähren (auch unsere Gedanken können uns nähren), beeinflussen wir unser Wohlbefinden und unsere

Gesundheit. Um gesund zu sein, müssen wir uns in unserem Körper niederlassen, ihn bewohnen. Die Energieausrichtung ist dann von innen nach außen. Wir lernen von innen her, uns in uns selbst zu verankern, akzeptieren unsere Grenzen, Verletzungen und Möglichkeiten, die uns unser Körper zur Verfügung stellt.

Alle Verdauungsprozesse spiegeln unser Ursprungsfeuer wider: Wir verdauen, verarbeiten und nähren unseren Körper. Darum ist es so wichtig, sein Ursprungsfeuer gut zu pflegen. Wir stärken dadurch nicht nur unsere physische Gesundheit, sondern bekommen so überhaupt eine Vorstellung von dem, was uns guttut oder nicht. Göttin Hestia ist somit eine heilsame Erinnerung für uns Frauen. Sie sagt: So wie wir unseren Körper bewohnen, so bewohnen wir unser Haus – und umgekehrt!

## Haus

In unserer modernen Zeit wird unsere Wohnstätte oft als Ersatz für die familiären Strukturen angesehen, die in den früheren Jahrhunderten eine größere Rolle spielten. Unser Zuhause sollte im besten Fall unser Zufluchtsort sein, an dem wir regenerieren können.

Genauso wie wir unserem Körper Zuwendung und Nahrung geben, benötigt auch unser Zuhause Pflege und Aufmerksamkeit. Nur so erreichen wir ein familiäres Gefühl der Geborgenheit und des Wohlbefindens. Das bedeutet, dass wir aktiv etwas dafür tun sollten, um es uns heimelig zu machen.

Beschäftigen wir uns mit Hestia, dann können wir uns mit folgenden Fragen auseinandersetzen: Ist unsere Wohnstätte ein Ort, an dem wir uns heimelig fühlen? Was verbinden wir mit dem Wort »heimelig«? Wo in den eigenen »vier Wänden« fühlen wir uns geborgen? In welchen Möbeln oder Räumen erkennen wir uns wieder? Was fehlt in unseren »vier Wänden«, damit wir uns in ihnen wohlfühlen können? Wie erzeugen wir eine gute Stimmung? Wie kannst du dir deinen Raum schöner gestalten?

Göttin Hestia erinnert uns auch daran, großzügig zu sein! Sie möchte nicht, dass wir uns in unseren Wohnstätten abkapseln, sondern dass wir ab und an einen Gast zum Essen einladen. Sie möchte, dass du deine Wohnstätte belebst, zum Beispiel durch ein schönes Licht, das Backen eines leckeren Kuchens oder durch eine Einladung zu einem Erntedankritual.

In jeder Wohnung sollte es mindestens eine Ecke geben, in der du ganz so sein kannst, wie du bist. Mache dein Zuhause zu einem schützenden Rückzugsort, an dem du nicht nur lebst, sondern auch deine heiligen Rituale abhalten kannst.

## Kosmos

In der Antike war der Platz des Herds gleichzeitig der Altar für die Göttin, dadurch war die Anbindung an die kosmischen Energien viel mehr mit dem Alltag der Menschen verwoben als heute. Der Kosmos steht auch für die übergeordnete Familie, die Gemeinschaft im größeren Sinne.

Die Wirkungskraft der heiligen Rituale erleben wir heute selten noch in Kirchen, Tempeln oder der ursprünglichen Natur, sondern in unseren Wohnstätten. Somit kann jedes Heim ein Medium für die universelle Energie des Kosmos sein. Durch die Weihe eines jeden Ortes oder durch Ritualarbeit lädst du die kosmische Energie zu dir nach Hause ein.

Hier gibt uns die Göttin Hestia diese heilsamen Fragen mit auf unseren spirituellen Weg: Wo manifestiert sich das Heilige in unserem Alltag? Wie drücken wir es aus? Wie ehren und beleben wir diesen Kanal zum Heiligen? Wo und wie lädst du den Kosmos in deine Wohnstätte ein? Wie pflegst du den Kontakt zu deiner kosmischen Familie? Wodurch drückt sich deine Spiritualität aus? Durch einen Altar, einen Opferplatz, Räuchern oder eine geweihte Kerze kannst du das Heilige in deine »vier Wände« einladen.

## ALTAR ZU EHREN DER GÖTTIN HESTIA

Für einen Hestia-Altar bieten sich immer eine Kerze oder das Bild eines Lagerfeuers an. Es können auch eine Räucherschale oder Zündholzer das Element des Feuers repräsentieren. Ich persönlich finde, dass ein Kochlöffel, ein Kochtopf oder ein Kessel auf diesen Altar gehören. *Woran erkennen sich Wiccan-Schwestern untereinander, ohne ein Wort zu wechseln? An einem Kessel, der ihren Wohnraum schmückt.*

Weiterhin kann ein Schlüssel, der symbolisch die Tür zur Anderswelt öffnet, auf deinem Altar liegen. Auch etwas, das für gesunde Nahrung steht, kann den Hestia-Altar schmücken. Hier bietet sich zum Beispiel eine Walnuss an. Sie soll dich immer daran erinnern, dass du gut für dich und dein Verdauungsfeuer sorgen solltest. Als Letztes können ein Nest, Wurzeln oder etwas anderes, das du mit dem Gefühl von heilsamer Familie oder Heimat verbindest, auf dem Hestia-Altar Platz finden.

## MOMENTUM: DER OPTIMALE ZEITPUNKT FÜR DIESES MAGISCHE RITUAL

Bei jeder Zubereitung einer warmen Mahlzeit kannst du um den Segen der Göttin Hestia bitten und mit ihr in Verbindung treten. Das Erntedankfest ist ein guter Zeitpunkt, um ein Ritual zu Ehren der Göttin Hestia und ihrer Ernte zu feiern. Bei allen Familienzusammenkünften wie Geburtstagen und Feiertagen kann Hestia als Schutzpatronin dieser Anlässe gerufen werden.

Die römische Feuergöttin Vesta wurde an den sogenannten Vestalien vom 7. bis 15. Juni geehrt. Dies ist ein guter Zeitpunkt, um das Haus zu reinigen und für die erste Ernte zu danken.

## OPFERGABEN ZU EHREN DER GÖTTIN HESTIA

Da Hestia mit dem Element des Feuers in Verbindung steht und weniger mit Pflanzen, möchte ich mich an dieser Stelle auf Opfergaben für das Feuerelement konzentrieren. Der Opferritus war bei der Göttin Hestia besonders ausgeprägt. Eine Opfergabe ist eine Aufmerksamkeit oder ein Geschenk, das einer Gottheit oder einem spirituellen Wesen dargebracht wird. Opfergaben können Gaben wie Speisen, Getränke, Blumen, Räucherwerk, Edelsteine oder Münzen sein. Du kannst der Göttin auch etwas von dir selbst, wie zum Beispiel eine Haarsträhne, schenken. Auch ein Lied kann der Göttin als Geschenk gereicht werden.

Du kannst die Opfergaben aus verschiedenen Gründen darbieten: Vielleicht möchtest du die Gunst der Göttin Hestia gewinnen oder deine Dankbarkeit ausdrücken, um Vergebung bitten, oder du willst spirituelle Unterstützung erbitten. Mit Demut, Hingabe, Gebet oder tiefer meditativer Versenkung könntest du auch um Heilung bitten oder einfach deine Verbindung zum Göttlichen bekräftigen. Ein Opfer drückt immer die Anerkennung und die Ehrfurcht gegenüber dem Göttlichen aus.

Der Begriff »Opfer« stammt vom lateinischen Wort *offerre*, was »anbieten« oder »darbringen« bedeutet. In spirituellen Kontexten bezieht sich »Opfer« auf das Darbringen von etwas Wertvollem oder Bedeutsamem zur Stärkung deiner spirituellen Verbindung.

Feuer selbst hat auch einen Spirit. Wie die meisten Wesen liebt es Süßes. Darum ist weißer raffinierter Zucker eine sehr schöne Opfergabe, um den Spirit des Feuers zu füttern. Der Zucker wird in die offene Flamme geworfen. Aber Achtung: Bitte wirf nie mehr als eine Handvoll Zucker in eine Flamme, da der Zucker sofort entflammt. Göttin Hestia freut sich auch über Korkmehl (auch Korkstaub genannt). Streut man davon eine Prise über eine Flamme, dann entsteht eine magische Flammenfontäne. Korkmehl und Zucker eignen sich gut für offene Feuerstellen im Freien. In geschlossenen Räumen kannst du als Opfergabe für die Göttin folgende Räucherstoffe darbringen: Weihrauch (Reinheit), Myrrhe (Reinigung), Lorbeerblätter (Respekt), Thymian (Beruhigen), Olivenzweige (Frieden).

**Hinweis:** Sei auch bei diesem Feuerritual besonders achtsam und geduldig. Lasse das Feuer ganz ausbrennen und stelle sicher, dass es vollständig gelöscht ist, bevor du den Ort verlässt.

## HESTIA-RITUAL: ERNTEDANKFEST

**Dauer:** solange ihr Lust habt
**Ort:** in deiner Küche, deinem Heim
**Utensilien:** Kerzen
**Intention: die Fülle im Leben feiern und der Göttin Hestia danken**
**Vorbereitung:** Schreibe eine schöne Einladung für deine Freunde und Freundinnen und lade sie zu einem Erntedankfest in dein Zuhause ein.

Kein Ritual verbindet die drei Einheiten Körper - Haus - Kosmos besser als ein Erntedankfest. Es ist ein rituelles Fest, das gefeiert wird, um die Ernte abzuschließen und Dankbarkeit für die erhaltenen Gaben der Natur auszudrücken, und damit eine gute Gelegenheit, um die Früchte der harten Arbeit der Landwirte und die Großzügigkeit der Natur und der Göttin Hestia zu würdigen.
Darum feiere dein eigenes Erntedankfest zu Ehren von Hestia. Belebe dein Zuhause mit Menschen, zu denen du ein familiäres Gefühl hast. Oftmals haben wir familiäre Gefühle sogar eher unseren Freunden gegenüber als Mitgliedern unserer Herkunftsfamilie.
Jeder Gast soll sich zu Ehren der Feuergöttin Hestia etwas ausdenken. Das kann von einem selbst geschriebenen Gedicht bis zu einer kalorienreichen Torte alles sein. Habt Spaß. Auf dem Herd sollte eine Suppe vor sich hin köcheln. Erschafft ein feuriges Lichtermeer, das eine wohlige Atmosphäre erzeugt.
Ein Ritual mit Teelichtern bietet sich an: Jeder Gast zündet ein Teelicht an und spricht seinen Dank für die Ernte in seinem Leben aus. Oder ihr bedankt euch bei Hestia für bestimmte Lebensmittel oder dafür, dass sie euch den Weg in ihren spirituellen Kosmos weist.

Folgende Anrufung der Göttin kann dir als Inspiration dienen:

*»Göttin Hestia, Hüterin des Herdfeuers, mit deiner ewigen lichten Präsenz, die nie erlischt, segne unsere Ernte. Ummantele uns mit deinem Frieden, nähre uns mit köstlichen Lebensmitteln, Wärme und Geborgenheit.*
*Göttin Hestia, Schlüsselhalterin des häuslichen Bereichs, wir ehren dich als Hüterin des Herdfeuers. Möge deine Gegenwart unsere Räume segnen, mit Ruhe, Schutz und göttlicher Geborgenheit. So sei es.«*

## HESTIA-MEDITATION: KESSELMEDITATION

**Dauer:** mindestens 20 Minuten
**Unterstützend:** binaurale Klänge (40 Hz) und ein Holzlöffel
**Ort:** ein Platz in deiner Wohnung, an dem du dich besonders heimelig fühlst
**Wirkung: Meditation, um die Verbindung zur inneren Ruhe, zum häuslichen Frieden und zur Geborgenheit herzustellen**

### Ankommen

Zünde eine Kerze zu Ehren von Hestia an.
Setze dich an einen ruhigen Ort, an dem du nicht gestört wirst.
Schließe die Augen und finde eine bequeme Sitzposition.
Verbinde dich mit deinen »vier Wänden«, lausche den Geräuschen deiner Wohnung. Weite deine Wahrnehmung zu allen vier Himmelsrichtungen und fühle die Erde unter dir.

**Atem**

Folgender Atemrhythmus kann dich unterstützen:
Einatmen - Pause - ausatmen - Pause und so weiter.
Stelle dir vor, wie du mit jedem Atemzug Frieden einatmest und Stress ausatmest.

**Visualisierung des Feuers und des Kessels**

Stelle dir ein warmes, einladendes Feuer vor. Sieh die Flammen tanzen und spüre die wohlige Wärme. Vor deinem Schoß steht ein großer Kupferkessel. In diesem Kessel kannst du rühren und all deine Magie hineingeben. Imaginiere alle Zutaten, die du brauchst, um dich wohlig und friedlich zu fühlen. Wenn du zum Beispiel Liebe, Schutz und Ruhe brauchst, dann kannst du all diese Zutaten in den Kessel rühren. Lasse dir Zeit, fühle in dich hinein und spüre, was du alles benötigst.
Mit dem Rühren sprichst du deine Gebete, oder du atmest so lange, bis du ganz ruhig wirst.
Rufe in deiner Vorstellung die Göttin Hestia an. Spüre ihre sanfte, beruhigende Energie um dich herum. Gehe in Verbindung mit dem Raum, visualisiere dein Zuhause, durchzogen von Hestias segnendem Einfluss. Siehe Licht und Liebe in jedem Raum. Schaue mit ihrem großzügigen Blick auf dich und dein Zuhause.
Rühre immer weiter und würze mit Sternenstaub. Verbinde deinen Atem mit dem ganzen All und verströme deine Zärtlichkeit für dich und die Weltenseele.

**Affirmation**

Fühle folgender Affirmation nach:

*»Mein Zuhause ist ein Ort der Liebe und Geborgenheit.«*

**Abschluss und Dank**

Fühle Dankbarkeit für die Friedlichkeit und Geborgenheit, die du durch diese Meditation erfahren hast. Wenn du bereit bist, öffne sanft die Augen und kehre langsam in den gegenwärtigen Moment zurück.

# FREYJA

*Göttin der Liebe, der Fruchtbarkeit, des Frühlings, des Zaubers sowie Kriegs- und Totengöttin*

## EINBLICK IN DIE GERMANISCHE MYTHOLOGIE

Verbinden wir uns mit der Göttin Freyja, kommen wir in Kontakt mit der germanischen Mythologie. Viele Geschichten von Zwergen, Riesen und Elfen sind dort heimisch. Dank der germanischen Mythologie lernen wir einiges über diese Elementarwesen der Anderswelt.

Die germanische Mythologie hatte ihre Blütezeit in Europa während der Völkerwanderungszeit und der frühmittelalterlichen Zeit, ungefähr zwischen dem 4. und 8. Jahrhundert n. Chr. »Germanen« (römisch die »Barbaren«) ist die Bezeichnung für zur indogermanischen Sprachfamilie gehörende verschiedenste Völkerstämme. Zu diesen Stämmen zählten unter anderem die Alamannen, Burgunden, Franken, Goten, Langobarden oder Vandalen. Sie galten als gute

Kämpfer und waren berüchtigt für ihre seefahrenden Fähigkeiten. In erster Linie aber waren die Germanen Bauern, Jäger, Kämpfer und Händler. Sie stammten ursprünglich vermutlich aus Skandinavien und Norddeutschland. Die ältesten germanischen Stämme sind wahrscheinlich schon vor über dreitausend Jahren entstanden.

Die germanische Mythologie war tief in der Kultur und im Glauben der germanischen Völker verwurzelt und hatte Einfluss auf ihr tägliches Leben, ihre Bräuche, Rituale und ihre politischen Entscheidungen. Obwohl viele der ursprünglichen Überlieferungen durch die Christianisierung und andere historische Entwicklungen verloren gegangen sind, haben einige Mythen bis heute überlebt. Die Überlieferungen wurden mündlich weitergegeben und später in Schriftform festgehalten.

Unsere Kenntnisse über die Germanen stammen meist aus den Werken römischer Autoren (Cäsar, Tacitus, Plinius der Ältere) und der »älteren« *Edda* sowie der »jüngeren« *Edda* des isländischen Dichters Snorri Sturluson.

Die Germanen verehrten eine Vielzahl von Göttern und Göttinnen, die verschiedene Facetten des Lebens, der Natur und des Universums verkörperten. Ihre Religion war eine ausgeprägte Naturreligion. Die Menschen verehrten Bäume, Flüsse, Quellen, Tiere und vor allem das Licht, welches im Norden bekanntlich über lange Zeiten im Jahr rar ist. Die Hauptgottheiten der Germanen waren Odin, Thor, Freyr und die Göttinnen Freyja, Frigg und Idun.

Die Göttin Freyja (Freya, Freia) gehört zu den beliebtesten Göttinnen des germanischen Pantheons. Sie galt als eine sinnliche, anmutige Göttin der Liebe und der Fruchtbarkeit. Freyja war der Geist der fruchtbaren Erde und lebte im Frühling und Sommer auf der Erde. Sie war Herrin des Todes, und als mutige Kämpferin war sie auch Anführerin in

Schlachten. Trotz ihrer Verbindung zu Tod und Kriegskunst war Freyja nie eine furchterregende Göttin, denn für die Germanen galten Tod und Leben als untrennbare Einheit des Daseins. Sie hatten verinnerlicht, dass alles, was beginnt, irgendwann auch enden muss.

Freyjas Vater war der Meeresgott Niördr und ihre Mutter Skadi, die Tochter des Riesen Thiassi. Freyja war die Zwillingsschwester von Freyr, dem Gott des Lichts, des Wohlstands und ebenso der Fruchtbarkeit.

Manche Mythenforscher gehen davon aus, dass Freyja ihre Entsprechung in der sumerischen Göttin Inanna und der griechischen Göttin Aphrodite findet. Im Gegensatz zu Aphrodite wurde Freyja allerdings auch als Kriegsgöttin öffentlich verehrt. Sie zog an der Seite von Odin in Schlachten.

Freyjas Gemahl war der Gott Odr. Eine bekannte Geschichte aus der *Edda* ist die Suche nach ihrem verschwundenen Gemahl, die Freyja auf eine lange Reise durch die Welten führte. Auf dieser Suche nach ihrem Mann verlor Freyja goldene Tränen, die zu Bernsteinen wurden. Auch wurde Freyja auf dieser Reise zur Gestaltwandlerin und nahm mehrere Namen an: zum Beispiel Mardöll, »die Schönheit des Lichts, das auf das Wasser fällt«, Hörn, »die Leinenfrau«, oder auch Gefn, »die Großzügige«. Mit Odr hatte Freyja zwei Töchter: Hnoss (»Kleinod«, »alles, was schön und kostbar ist«) und Gersimi (»Schatz«).

Freyja war eine schöne, begehrenswerte Göttin, der Inbegriff der »freien Frau«, die auch ihre Lust mit anderen Gottheiten und Zwergen teilte.

Der Name »Freyja« leitet sich von der indogermanischen Wortwurzel *priio* ab, was »lieb« bedeutet. Er ist eng mit dem altnordischen Wort *frau* verbunden, was die Bedeutung »edle Herrin« trägt. Der Freitag ist nach ihr benannt, der seit alters der heilige Tag der Liebesgöttinnen ist.

Freyja wird auch als »Vanadis« – Vanengöttin – bezeichnet, da sie aus dem älteren Göttergeschlecht der Vanen stammt. Neben den Vanen gab es noch eine jüngere Göttergeneration bei den Germanen: die Asen.

Die Asen wurden mit Kriegskunst, Schutz und Herrschaft verbunden. Zu den prominentesten Asen gehören Odin, der Allvater und Herrscher von Asgard, der Donnergott Thor und Tyr, der Gott des Krieges und der Tapferkeit. Ihre Heimat Asgard gilt als eine majestätische Stadt der Götter im Himmel. Ursprünglich gab es eine Rivalität zwischen den Vanen und den Asen, die in einen langen Krieg mündete. Nachdem die Vanen jedoch von den Asen besiegt worden waren, schlossen sie einen Friedensvertrag. Freyja war Teil eines Friedensvertrags und galt seitdem als Asengöttin.

Sie brachte den Asen den mächtigen Seid-Zauber, den sie auch Odin lehrte. *Seid* kann man nicht übersetzen, ohne es zu verfälschen. Es bedeutet so viel wie »die Magie des Fesselns und Bindens«. Die Wahrsagerei, Löse- und Bindezauber sowie der Liebeszauber sind einige Seid-Praktiken. Somit war Freya eine Göttin, die eingeweiht war in Zauberkünste, und sie nutzte Magie für ihre Macht. Das ist einer der Gründe, warum Freyja bis heute von uns Hexen verehrt wird.

Am Himmel wird Freyja das Sternenbild des Orion geweiht, das auch als »Spinnrocken der Freyja« bekannt ist. Der Oriongürtel ist mit bloßem Auge zu sehen und zu bewundern und spiegelt Freyjas Schönheit, Kraft und Stärke wider.

Freyja fährt auf einem von Luchsen oder Katzen gezogenen Wagen – Katzen, Eber und Falken sind ihre heiligen Tiere. Sie besitzt einen von vier Zwergen geschmiedeten Brisingamen, einen strahlenden, kostbaren Halsschmuck mit Bernsteinen, der für ihre Schönheit, Macht und ihren

Reichtum steht. Der Brisingamen steht auch sinnbildlich für die Regenbogenbrücke, die die Verbindung zwischen den Göttern und Menschen ermöglicht.

Freyja ist die Herrin der Walküren und trägt als solche ein Schwanenkleid. Andere Interpretationen sagen, dass sie ein Falkengewand trägt, mit dessen Hilfe sie wie ein Falke durch die Lüfte gleitet.

Freya wird auch als Walfeyja – die Anführerin der Walküren – bezeichnet. Walküren sind schöne, kämpferische Totendämoninnen, die an der Seite von Freyja über die Toten einer Schlacht wachen. Als Oberhaupt der Walküren schenkt Freyja einigen gefallenen Kriegern am Ende der Schlacht Einlass nach Walhalla, wo Odin die Hälfte von ihnen empfängt. Walhalla ist eine prächtige Halle, in der die verstorbenen Krieger geehrt werden. Die andere Hälfte der gefallenen Krieger geleitet Freyja in ihr eigenes Reich Folkvangr oder Folkwang. Dort werden auch alle Liebenden nach ihrem Tod wieder vereint.

In der nordischen Mythologie kommt es zu Überschneidungen der Göttin Freyja mit der Göttin Frigg/Frigga. Frigg war eine mächtige Seherin und hatte die Fähigkeit, die Zukunft zu sehen und zu beeinflussen (zu spinnen). Frigg galt als Göttin der Ehe und der häuslichen Wirtschaft.

Man kann die Bedeutung von Frigg und Freyja auch folgendermaßen interpretieren: Frigg repräsentiert den rotschwarzen Göttinnenaspekt, während Freyja mehr für den weiß-roten steht. Wir können nur mutmaßen, ob diese beiden Göttinnen identisch waren oder lediglich verwandt.

Ganz gleich, welche Göttinnen Freyja alle in sich vereint, sie wurde von den Menschen verehrt. Die Menschen baten sie um Hilfe und Schutz in Liebesangelegenheiten, bei Fruchtbarkeitsritualen, wenn sie zaubern wollten und wenn sie in den Krieg zogen.

## DIE STIMME DER GÖTTIN FREYJA

*Oh, wie ich es liebe, in der Fülle der Weiblichkeit zu erstrahlen. Ich fliege durch alle Farben des Regenbogens. Ich bekleide mich mit dem goldenen Licht der Morgendämmerung, und an der Schwelle zur Nacht tauche ich ab in mein Reich, wo Traum und Wirklichkeit verschwimmen. Am Morgen bin ich der sanfte Dunst, der die Erde befeuchtet. In dem zauberhaften Augenblick, wenn die Knospe ihr Geheimnis preisgibt, wirst du meine Magie erkennen. Ähnlich wie die Lindenblütenpollen die Luft schwängern mit ihrem lieblichen Duft, kann ich mich dir verschenken. Ich belebe dich mit dem warmen Kuss der Sonnenstrahlen. Ich verführe dich mit dem Duft der Freiheit. Denn nur in der Freiheit wirst du dich von den Fesseln der Lügen befreien können. Das Gift dieser Lüge lässt dich glauben, du seist getrennt von der Wildnis. Doch du bist zu Hause im wilden Herzen der Erde. Mit meiner Herzschlagtrommel rufe ich die Kriegerin in dir wach, damit du fliegen lernst wie ein Falke. Niemand kann einen Falken jagen, ohne selbst zum Gejagten zu werden. Ich werde nicht aufhören zu trommeln, bis dein Puls mit dem der Erde wieder eins wird. Komm, lege deinen Kopf auf das sanfte Moosbett, ich flüstere dir etwas über die Quelle der Liebe zu. Die Liebe hat ihre Heimat in tausend Blüten, du wirst sie niemals besitzen können, so wie man mich nicht besitzen kann. Die Liebe ist die Alchemie des Lebens, zwischen Aufblühen und Verblassen ummantelt sie alles, was du mit deinen Augen sehen kannst. Mit meinen Schwestern, den Walküren, berge ich alle Seelen, die für die Freiheit ihr Leben geopfert haben. All diese Krieger werden Teil des Himmels. Und wenn sie dann als Regen den Schoß der Erde befeuchten, erwachen sie erneut in allen Farben des Lebens.*

*Wenn du wahrhaftig die Kunst der Magie erlernen willst, fol-*

*ge dem Pfad der Freiheit. Beginne, indem du die Weite im Blick des Falken ergründest, und sei so geschmeidig wie die Katzen bei Nacht.*

## DIE KRAFT DER GÖTTIN: WARUM SIE VON BEDEUTUNG FÜR UNS IST

Freyja steht für die »freie Frau«, die sich ihrer Wildnatur bewusst ist. Als solche verkörpert Freyja die freie Liebe, die Leidenschaft zum Leben und den Mut zur Eigenmacht. Freyja legt den Samen der Fruchtbarkeit in uns und in die Natur. Die gesunde fruchtbare Natur ist die Wildnis. Als Menschen sind wir tief verbunden mit den Gesetzen und Rhythmen der Wildnis. Darum fordert Freyja uns heraus, unser instinktives Feingefühl aus uns herauszuschälen. Sie sagt: Lernt von Katzen bei Nacht! Katzen sind sehr schlau, sie sind zwar anpassungsfähig (Kulturfolger), aber ihr Wildwesen bleibt ungezähmt. Die Wildnatur der Katzen hat viel mit der freien Frau gemeinsam. Katzen sind echte Liebesgöttinnen, sie schmiegen sich an, bei wem und wie es ihnen beliebt. Sie sind wissbegierig, spitzfindig, ausdauernd, standhaft, unabhängig, und bei der Jagd legen sie ein zielsicheres, instinktives Gespür an den Tag. In Krisensituationen haben sie mehrere Leben und können wiederauferstehen. Katzen und Hexen bilden oft ein Gespann, denn zum magischen Handeln braucht es ein sehr gutes instinktives Gespür.

All diese Eigenschaften stehen jeder Frau zur Verfügung. Wir sind Überlebenskünstlerinnen! Die Wildnatur in uns ist die Fähigkeit, wieder mehr zum Freigeist zu werden und nicht mit allem Komfort leben zu müssen. Somit ist die freie Frau in uns der intuitive archaische Ausdruck unserer ungezügelten Seele, die sich nach mehr Entfaltung sehnt.

Jede Frau, die mit ihrer persönlichen Geschichte aufgeräumt und die Verletzungen der Vergangenheit ins Herz genommen hat, wird wissen, dass der Weg zur freien Frau kein leichter war. Der Weg zur Befreiung führt meist durch ein Dickicht von Schmerz und Trauer.

Hier kommt uns Freyjas Fähigkeit als Kriegerin zugute. Denn genau diese Qualitäten der Kriegerin brauchen wir, wenn wir wirklich einen Weg der Heilung und Befreiung gehen wollen. Als freie Frauen üben wir uns in der Kriegskunst. Die Kriegskunst ist hier im übertragenen Sinne zu verstehen: Es geht nicht um militärische Kriegsführung mit grausamen traumatischen Folgen. Vielmehr verbinden wir uns mit dem Archetypus der heilsamen »Lichtkriegerin«. Die Lichtkriegerin in uns kämpft mit Herzblut. Als Lichtkriegerinnen setzen wir uns für unsere eigenen Wahrheiten ein, befreien uns aus der Dunkelheit verletzter Erfahrungen und fördern positive, lichte Veränderung. Als Lichtkriegerinnen brauchen wir den Mut, im Dschungel der Gefühle klare Entscheidungen zu treffen. Wir müssen die unterdrückten Emotionen mit Leib und Seele fühlen, damit wir uns für unsere Lebendigkeit entscheiden können.

Freyja hilft uns dabei, uns für unsere Überzeugungen und unsere Heilung einzusetzen. In jedem Menschen lebt der Wunsch nach persönlicher Freiheit und Selbstverwirklichung. Freyja vermittelt uns die Idee, dass Frauen die Macht haben, ihr eigenes Leben zu gestalten und ihren eigenen Weg zu gehen, unabhängig von äußeren Einflüssen und den Erwartungen anderer.

Der Kontakt zur eigenen Wildnatur ermöglicht es uns, unser Potenzial auszuleben. Unsere Wildnatur schneidet uns nicht ab von unseren weiblichen Ur-Instinkten. Wir lernen vielmehr, uns stärker zu vertrauen. Wenn unsere Wahrnehmung nicht getrübt ist, nehmen wir die Verantwortung für unser Wohlbefinden selbst in die Hand. Wir verlassen dann die beschränkten Muster, entweder Täterin oder Opfer zu sein. Wir machen uns unnötig klein, wenn wir andere für unser Wohlbefinden verantwortlich machen. Wir verlieren sogar an Macht, wenn wir es zulassen, dass über uns bestimmt wird. Entschlusskraft, Eigenmacht und Handlungsfähigkeit setzen voraus, dass wir uns selbst wichtig nehmen. Selbstliebe zu praktizieren ist dann unerlässlich. Als Göttin der Liebe erinnert Freyja uns daran, aus Mitgefühl auch uns selbst gegenüber zu handeln.

Freyja repräsentiert mit ihrer Fülle an Eigenschaften die Spannbreite von Leben und Tod oder Liebe und Krieg, sie räumt auf mit der Annahme, dass das Leben schwarz oder weiß sei. Das heißt auch, dass wir Ecken und Kanten haben dürfen und gleichzeitig liebenswert sind.

Wir kommen der freien Frau in uns näher, indem wir innerlich und äußerlich beweglich bleiben, indem wir akzeptieren, dass das Leben kein gemütlicher Spaziergang ist. Hindernisse wird es immer geben! Wir können darauf vertrauen, dass wir einen Weg finden werden, der uns entspricht, um die Hindernisse zu meistern.

Wir können uns in Akzeptanz üben. Wir können den Kontakt zur Natur fördern, denn so schärfen wir unsere Sinne. Wir können uns selbst reflektieren, unsere Glaubenssätze und Verhaltensmuster überprüfen und uns von negativen Einflüssen lösen. Zu guter Letzt bleibt der Umgang mit der Liebe unsere heilende Lanze.

## ALTAR ZU EHREN DER GÖTTIN FREYJA

Dieser Altar sollte unsere Frühlingslust erwecken. Wilde Kräutersträuße, bunte Blumen oder Lindenblütenblätter bieten sich an. Freyja bringt Licht in die Herzen der Menschen, darum sind ihre Farben Himmelsblau und Pastelltöne. Den Aspekt der Todesgöttin könnte ein Knochen eines (Wild-) Schweins repräsentieren. Federn sind ein Symbol der Leichtigkeit, der Freiheit und der Verbindung mit den himmlischen Sphären, darum bieten sich besonders Greiftierfedern auf Freyjas Altar an. Auch dein persönliches »Brisingamen«, dein Halsschmuck, der deine Göttinnenkraft symbolisiert, solltest du auf diesen Altar legen oder bei diesem Ritual tragen. Heilsteine wie Rosenquarz, Bernstein oder Mondstein können die Energie der Liebe und der Fruchtbarkeit verstärken. Figuren von Katzen, Falken und Wildsäuen können die Göttin repräsentieren. Wenn du mit Runen arbeitest, dann auch diese. Du kannst auch nur Freyjas Liebesgöttinnen-Aspekt betonen und deinen Altar so schmücken wie bei der Göttin Aphrodite (Seite 95). Eheringe, Liebesbriefe, Poesie – einfach alles, was für dich Liebe und Fruchtbarkeit symbolisiert, verstärkt deine Altarkraft in Verbindung zur Göttin Freyja.

## MOMENTUM:
## DER OPTIMALE ZEITPUNKT FÜR DIESES MAGISCHE RITUAL

Nach Freyja ist der Frei-tag benannt. Hier wird auch ihre nahe spirituelle Verwandtschaft zur Göttin Aphrodite ersichtlich, denn der Freitag ist ein Tag der Liebesgöttinnen und der freien Frauen. Also bietet sich jeder Freitag an, um rituell mit Freyja in Kontakt zu kommen.

Wenn der Freitag dann auch noch auf einen 13. fällt – das Symbol für das Mondjahr und die 13 Mondzyklen –, ist das ein besonderer Glückstag für uns Hexen und alle freien Frauen. In Angstsystemen wird dieser Tag gefürchtet, denn wer weiß, was die wilden Weiber alles ausfressen werden ...?

Auch die Frühlingstagundnachtgleiche wird Freyja zugeordnet, da die Natur nun in aller Pracht erblüht.

## PFLANZLICHE VERBÜNDETE DER GÖTTIN FREYJA: LINDE

Die Linde war den Germanen heilig. Die Sommerlinde wird der Göttin Freyja zugeordnet. Sie gilt durch ihre robuste Ausstrahlung als weise Ratgeberin. Die heilende Kraft ihrer Blüten macht sie zum Baum der mütterlichen Vorsorge. Ihre herzförmigen Blätter sind Zeichen der Liebe und der Gerechtigkeit. Ihre weiche Rinde lädt dazu ein, die Anfangsbuchstaben von Liebenden darauf zu verewigen. In zahlreichen Geschichten über verbotene Liebesaffären dienten Linden als Treffpunkte für heimliche Begegnungen. Unter den sogenannten Tanzlinden wurden Feste gefeiert. Unter zahlreichen Freyja-Linden wurden die Thing-Versammlungen (Volks- und Gerichtsversammlungen nach dem alten germanischen Recht) abgehalten. Es heißt, dass das Urteil meistens »lind« ausfiel, also »mild«.

Die jungen, frischen Lindenblütenblätter sind essbar und können als Tee zubereitet werden. Dieser wird bei Erkältungskrankheiten und zur Linderung von Hustenreiz verwendet.

Auch Birke, Holunder, Wildrose, Erdbeere, Ringelblume, Frauenmantel, Arnika, Schafgarbe, Gänseblümchen und Schlüsselblume sind Pflanzen, die mit Freyja in Verbindung gebracht werden.

## FREYJA-RITUAL: NATURBILD KREIEREN

**Dauer:** ca. 1 Stunde
**Ort:** in der Natur
**Utensilien:** gefundene Objekte aus der Natur wie Stöcke, Steine, Dornenäste, eine Tragetasche
**Intention: Befreiung, um in deine Kraft zu kommen**

Wie oft stehen wir uns selbst im Weg, können die freie Frau in uns nicht fühlen, beschränken uns durch negative Glaubenssätze oder legen uns Ketten an und boykottieren dadurch unsere Kraft. Das Freyja-Ritual dient dir dazu, mit dem in Kontakt zu kommen, was dich daran hindert, dich als freie Frau zu fühlen. Es soll dich aus deinem inneren Gefängnis befreien. Es unterstützt dich darin, deine Blockaden zu sehen und sinnlich zu erfühlen. Gleichzeitig hilft dir dieses Ritual, dich von dieser Last zu befreien oder anzunehmen, dass deine Realität gerade so aussieht, wie sie aussieht, und dass Heilungsprozesse Zeit brauchen.
Dieses Ritual sollte im Freien stattfinden, denn die Natur dient dir als Spiegel deiner inneren Prozesse. Indem du die Natur als Spiegel betrachtest, können verborgene Gefühle, Gedanken oder Herausforderungen aufgedeckt und besser verstanden werden. Auch die Ruhe und Schönheit der Natur können dir helfen, einen klareren Blick auf die eigenen Gedanken und Emotionen zu bekommen.

Mache einen Spaziergang durch die Natur, finde einen ruhigen Ort, der dich anspricht, sei es in einem Wald, einem Park, einem Garten oder am Meer. Auf dem Weg dorthin sammle Objekte, die deine persönliche Situation wiedergeben.
Ich verdeutliche dieses Ritual anhand eines Beispiels: Neh-

men wir an, eine Person will sich aus dem inneren Gefängnis ihrer Gedanken befreien, sie sei nicht gut genug oder liebenswert. Weil sie das denkt, ist sie ständig bemüht, es allen in ihrer Umgebung recht zu machen, um Anerkennung zu bekommen. Sie merkt aber, dass diese Sorge um Anerkennung sie viel Kraft kostet, und möchte sich davon befreien. Für all diese Gefühle und ihre dahinterstehenden Glaubenssätze sucht sie nun Stöcke. Vielleicht sprechen sie auch piksende Dornenäste an oder scharfkantige Steine. Sie sucht einfach nach Symbolen in der Umgebung, die mit ihren inneren Prozessen in Verbindung stehen könnten.

Hast du alle Objekte zusammen, die zu deiner persönlichen Situation passen, dann ziehe einen Schutzkreis und setze dich anschließend bequem hin und schließe die Augen. Atme tief ein und aus, um dich zu entspannen und im Hier und Jetzt anzukommen. Stelle dir vor, wie du dich eins mit der Natur fühlst, wie du die Geräusche, Gerüche und Formen um dich herum wahrnimmst. Beginne, über die Gefühle, Gedanken oder Herausforderungen nachzudenken, die dich aktuell beschäftigen.
Öffne dann langsam die Augen und erstelle intuitiv ein Naturbild aus den gesammelten Gegenständen, das deine innere Situation wiedergibt. Die Person aus dem oben genannten Beispiel würde vielleicht eine Mauer aus Stöcken legen.

Anschließend stellst du dich in dein gelegtes Gebilde, gehst in Kontakt mit der Göttin Freyja und rufst sie um Hilfe und Rat an. Du bittest sie darum, dir die nötige Kraft zu geben, dich von dem zu befreien, was dir nicht mehr dient.
Die Anrufung der Göttin Freyja könnte lauten:

*»Freyja, Göttin der Liebe und des Krieges, du strahlende Herrin über das Reich der Fruchtbarkeit, ich rufe dich, um deine Präsenz und deine Segnungen zu erbitten. Ich bitte dich, mich zu lehren, in meine Kraft zu kommen. All meine Gedanken, in denen ich aus der Liebe zu mir selbst falle, bitte ich dich zu wandeln. Möge die Kraft der Liebe meinen Blick auf mich selbst stärken. Göttin Freyja, bitte hilf, mich von der Last meiner Fesseln zu befreien. Möge deine Liebe mein Herz erfüllen. Möge deine Schönheit meinen Blick auf mich selbst erhellen.«*

Mit der Anrufung bittest du die Göttin Freyja, sich deiner anzunehmen. Gib ab, was dich belastet, lasse los, was dich quält, wiege dich in der Geborgenheit von Freyja und sei im Vertrauen, dass genau zur rechten Zeit das Heilende für dich wirken wird.

Bevor du »aus der Gefängnismauer aussteigst«, visualisiere, wie du dich fühlen willst, wenn du befreit bist. Male dir innerlich aus, was du in Zukunft sagen willst, wie du handeln willst und wie du dich liebevoll betrachten willst.
Das Naturbild soll stehen bleiben, damit du immer wieder an diesen Platz zurückkommen kannst, um zu sehen, ob sich schon etwas verändert hat. Vielleicht ist es in einem Jahr auch gar nicht mehr zu entdecken – und du selbst wirst merken, dass genau in diesem Zeitraum einige Ereignisse in deinem Leben dir geholfen haben, dich freier zu fühlen.

Löse den Schutzkreis und beende das Ritual, indem du dankbar für die Einsichten bist, die du erhalten hast, und indem du dich bewusst von der Natur und der Göttin Freyja verabschiedest.

## FREYJA-MEDITATION: KRAFTTIERREISE FALKENFLUG

**Dauer**: mindestens 15 Minuten
**Unterstützend:** Joik-Musik, zum Beispiel aus Norwegen oder Island (eine gute Interpretin: Jonna Jinton)
**Ort:** ein ungestörter Ort in der Natur oder in deinem Zuhause
**Wirkung: Meditation, um objektiver auf persönliche belastende Themen zu schauen**

In einer Meditation können wir lernen, Dinge objektiver zu betrachten. Dies ermöglicht es uns, uns freier und unabhängiger zu fühlen.
Wie könnte man die Objektivität besser erlernen als im Flug des Falken über der Erde? Darum werden wir uns in dieser geführten Meditation mit dem Krafttier des Falken verbinden, um den Flug über unser Leben zu üben.

### Beginn

Setze dich in eine bequeme Position und schließe sanft die Augen. Beginne langsam und bewusst zu atmen, um dich zu entspannen.

### Visualisierung

Stelle dir vor, wie du dich auf einer grünen Wiese oder auf einem hohen Berggipfel befindest. Die Sonne strahlt warm auf deine Haut, und eine sanfte Brise streicht durch deine Haare.
Rufe in Gedanken nach dem Krafttier des Falken. Bitte ihn darum, dir in dieser Meditation zu erscheinen und dir seine Weisheit zu zeigen. Spüre, wie der Falke zu dir kommt und sich neben dir niederlässt. Nimm seine Präsenz wahr und er-

laube dir, mit ihm in Verbindung zu treten. Fühle dich ganz in die Kraft des Falken hinein.
Frage den Falken, ob er dir helfen kann, objektiver auf deine persönlichen Themen zu schauen. Bitte ihn, dir Klarheit und Einsicht zu schenken.
Öffne dein Herz und deinen Geist für die Botschaften des Falken. Fliege mit ihm durch dein inneres Land. Erlaube dir, die Weisheit des Tieres zu empfangen und in dein Inneres zu integrieren. Verbringe einige Momente in der Stille, während du die Energie des Falken und seine Botschaften aufnimmst.

**Abschluss und Dank**

Bedanke dich am Ende der Meditation beim Falken für seine Anwesenheit und seine Hilfe. Öffne behutsam die Augen. Nimm dir Zeit, um die Erfahrungen und Eindrücke der Meditation zu reflektieren.

# TIAMAT

*Göttin des Salzwassers*
*und des Ur-Chaos*

## EINBLICK IN DIE BABYLONISCHE MYTHOLOGIE

Der Klang des Namens Tiamat, übersetzt mit »Sie, die alle gebar«, führt uns tief in die Vergangenheit bis zur Wiege der Zivilisation nach Mesopotamien. Mesopotamien bestand von ca. 4000 v. Chr. bis ca. 700 n. Chr. Dieses alte Reich erstreckte sich über weite Teile des heutigen Iraks, Syriens, Irans und der Türkei. Die Flüsse Euphrat und Tigris boten ideale Bedingungen für die Entwicklung von Gemeinschaften und für die Landwirtschaft. In dieser Region bildeten sich bedeutende Hochkulturen, darunter die sumerische und die babylonische. Zur sumerischen Hochkultur erfährst du mehr im Kapitel zur Göttin Inanna.

Die Überlieferungen zu Tiamat (auch Tamtu genannt) gehören zu den frühesten schriftlichen Zeugnissen der Menschheit. Sie wurden in Keilschrift in Tontafeln geritzt.

Die bedeutendste Quelle für die Mythologie Tiamats ist das babylonische Schöpfungsepos *Enuma Elish,* das aus dem 9. bis 2. Jahrhundert v. Chr. stammt.

Der Mythos besagt: Bevor unsere Welt erschaffen wurde, gab es Tiamat, die Göttin des Salzwassers und die große Urmutter, entstanden aus dem Ur-Chaos des Universums. Zwei ihrer Gestalten sind der Menschheit bekannt: Die eine zeigt sie als Drachenfrau, die andere als gehörntes Mischwesen zwischen Tier und Göttin. Als Mischwesen trägt sie auf ihrem Kopf zwei Stierhörner, auf ihrem Rücken gigantische Greifvogelflügel, ihre Hände sind Löwenpranken, und ihre Füße zieren scharfe Krallen.

Ihr Geliebter war Apzu, der Gott des Süßwassers. Mit ihm zeugte sie ungezähmte Zwitterwesen, Stürme, Drachen, Fabelwesen und Seeungeheuer. Schreckhaft, wild in ihrer Form und Kraft, glichen diese Kinder Dämonen. Doch Tiamats Schoß entsprangen nicht nur diese Wesen, sondern auch die Götter. Auch diese Kinder waren wild, eine ungezügelte, sehr lärmende Ansammlung von Gestalten – und dieser Tumult störte Apzu zu sehr. Er fasste den Entschluss, die Götter zu vernichten, um seine Ruhe zurückzubekommen. Als Tiamat dies erfuhr, war sie als Urmutter empört und weigerte sich mitzumachen. Die Götter jedoch hörten von der Absicht des Apzu, was verheerende Folgen für ihn hatte: Er wurde durch Beschwörung eingeschläfert und anschließend getötet.

Der Tod ihres Geliebten entfesselte Tiamats ganzen Zorn, die Drachenfrau schwor Rache. Zusammen mit ihrem Erstgeborenen Kingu und einer Armee von mächtigen Ungeheuern zog sie in die Schlacht gegen ihre göttlichen Kinder.

Über den Ausgang dieser Schlacht gibt es verschiedene Überlieferungen. Eine besagt, dass der stärkste unter den Göttern, Marduk, Kingu tötete. Er besiegte auch Tiamat im Zweikampf, spaltete ihren Körper in zwei Hälften und formte daraus die Erde und den Himmel. Eine andere Überlieferung erzählt, dass Tiamat Marduk in ihrem großen Drachenmaul verschlugen hat. Und schließlich gibt es auch noch die Variante, dass diese Schlacht zwischen Tiamat und Marduk nie entschieden wurde, sondern jedes Jahr von Neuem entfacht wird.

Mit Tiamat begegnen wir noch einmal einer Urgöttin. Als Göttin des Salzwassers, des ersten Wassers dieser Erde, ist sie in den unendlichen Weiten und Tiefen des Ozeans heimisch. Die Tiefsee ist immer noch weitgehend unerforscht und damit das größte Geheimnis unseres Planeten.

Gehen wir davon aus, dass die Essenz der Erde das Wasser ist, dann entstand alles Leben in der tiefen Dunkelheit des Ozeans. Tiamat ist das Ur-Chaos, das zum Kosmos wird und wieder ins Chaos zerfällt, im ewigen Kreislauf des Werdens und Vergehens, und konfrontiert uns damit mit der immerwährenden Dualität von Schöpfung und Zerstörung.

## DIE STIMME DER GÖTTIN TIAMAT

*Im Urknall des Chaos entstand die Idee meines Seins. Ich bin die Göttin des ersten Bewusstseins der Erde. Noch bevor es die euch vertrauten Meere gab, war ich eine zähflüssige Hülle, gestaltlos, brodelnd, hitzig und wild. Erst durch die Kollisionen der Himmelskörper formte sich mein Leib. Mein Ur-Ozean war braunes, salziges, bitteres Wasser. Als das süße Wasser des Himmels mein Geliebter wurde, verschmolzen Süße und Bitterkeit in dieser Ursuppe zu einer symbiotischen Einheit, die bis heute alles Lebendige durchdringt. Ich bin die ewige Welle, die heilige Tiefe. Ich bin das, was mich und dich mit allen Dingen und dem ewigen Wasser verbindet. Ich bin die immerwährende Bewegung und der blaue, glänzende Spiegel, in dem sich das Universum selbst erkennt. Ich bin*

*eine Gestaltwandlerin, und ich bin ein Mischwesen, halb Tier, halb Göttin. Du wirst mich nie in einer einzigen Form sehen, und doch bilde ich die Einheit des Lebens.*
*Ihr Menschenkinder schreit, wenn ihr vom Fruchtwasser getrennt werdet, da mein Gewebe die Verbindung zu eurer Urheimat ist. Alle polaren Kräfte formen meine Magie. Darum ist mein Kampf mit Marduk auch nicht beendet: Ich werde immer wieder alles in Bewegung halten, da ich für das Gleichgewicht aller Gewässer dieser Erde sorge. Mein Wasser ist der Schweiß der Erde. Mein Leib formt heute noch die Ozeane, Flüsse, Seen, Teiche, den Regen, Nebel, den Dunst und den Schnee, euer Blut und das Fruchtwasser im Mutterleib. Nur wenn du meine Polaritäten anerkennst, wirst du verstehen, dass Bewusstsein und Unterbewusstsein, Materie und Geist, Ebbe und Flut zusammengehören. Ihr Menschenkinder reinigt euch an mir, nur zu, dann versteht ihr mich umso besser. Doch vergesst nicht, bevor ihre eure Kelche ansetzt - ihr trinkt eine lebendige Flüssigkeit, geformt aus Drachenblut und Sternen.*

## DIE KRAFT DER GÖTTIN: WARUM SIE VON BEDEUTUNG FÜR UNS IST

Tiamat ist eine Alchemistin des Lebens. Man kann sie als eine Urgöttin der ersten Generation von Gottheiten bezeichnen. Um aus dem Chaos Lebensformen zu erschaffen, braucht es Kräfte, die dem Chaos ebenbürtig sind. So ist Tiamat selbst eine Urkraft – mächtig, wandelnd, heftig, wild.

In vielen Regionen der Erde werden die ersten und ältesten Göttinnen, so wie Tiamat, mit dem Wasser in Verbindung gebracht. Beispiele hierfür sind die ägyptische Göttin Neith, die japanische Göttin Izanami oder die nigerianische

Göttin Yemanja. Auch in diesen Mythen zu diesen Göttinnen wurde die Welt aus dem Wasser erschaffen. All diese Göttinnen haben ebenfalls gemeinsam, dass die Substanz Wasser unergründlich ist. Ihren Schleier hat bis jetzt noch kein Sterblicher gelüftet. Der Mond ist besser erforscht als unsere Ozeane. Wir tun gut daran, Wasser nicht nur als eine Verbindung von Wasserstoff und Sauerstoff zu betrachten, sondern als ein Lebewesen, welches noch vor der Bildung der Kontinente die Grundlage allen Lebens war.

Tiamat ist eine Vermittlerin zwischen Kosmos und Erde. Es ist kein Zufall, dass sie die Gestalt der Drachen annimmt – der großartigen mythologischen Wesen, die gleichzeitig Ungeheuer sein können. Auch Drachen sind Urwesen mit einer gewaltigen neutralen Kraft, verbunden mit dem Universum und der Erde zugleich. Als Drachenfrau symbolisiert Tiamat das (Schöpfungs-)Feuer, welches aus dem Kosmos auf die Erde kommt. Dabei gilt ihre unbändige Leidenschaft dem Leben. Sie unterscheidet nicht zwischen hässlich oder schön, aggressiv oder sanft, dämonisch oder göttlich – alles ist Leben. Sie kann fliegen und schwimmen. Im Urgrund des Meeres herrscht die Dunkelheit, und dennoch kann sie sehen.

In ihren vielen Formen als Mischwesen zwischen Göttin und Tier zeigt sie ihre Verbundenheit zu den unterschiedlichsten Erdenbewohnern. Sie ist Göttin, Drachin, Tier, Dämonin, Mischwesen – alles auf einmal und nacheinander gleichzeitig.

Wir können von Tiamat lernen, dass in der Vielfalt von Kräften und Energien in der Welt, in jeder einzelnen von ihnen, sowohl schöpferisches Potenzial als auch eine zerstörerische Kraft vorhanden sind. Die Ursprungsenergie ist neutral und beinhaltet in sich die Kräfte und die Möglichkeiten der formenden Lebensenergie und der zerstörenden Vernichtungsenergie. Diese Art von Dualität kennen wir schon von Gaia. Tiamat existiert in verschiedenen Aspekten des Lebens: Erde und Himmel, Bewusstsein und Unterbewusstsein, Frau und Mann. Der Mythos von Tiamat lässt sich nicht trennen von dem Schicksal ihres Geliebten Apzu. Wir können somit das Prinzip der Dualität nicht auseinandernehmen, sie bildet immer eine Einheit.

Als ich beschloss, über Tiamat zu schreiben, badete ich im paradiesischen türkisfarbenen Balearen-Meer. Ich schwimme nie weiter als hundert Meter auf das Meer hinaus, da ich viel zu viel Respekt vor der Wildnatur der Meeresbewohner habe. Mein Freund ist unbekümmert, was die Wildnis betrifft. Als ich ihm gerade von Tiamat erzählen wollte, streifte ihn eine sehr große Feuerqualle. Das Meer ist Erholung und Gefahr in einem, und ich verstand die Angst der Babylonier vor den Meeresungeheuern umso mehr. Doch trotz der beängstigenden Dunkelheit der Tiefsee, der Ungewissheit, was sich in ihr verbirgt, des Risikos der Orientierungslosigkeit und der möglichen anderen Gefahren fühlen wir uns dorthin gezogen (auch, wenn wir uns nicht dorthin begeben). Warum? Ist das eine Erinnerung an das Wasser der Mutter? Ist es dic Verbundenheit mit der Urquelle des Lebens, die uns vertraut war, bevor wir in unserem jetzigen Körper geboren wurden?

Von keiner anderen Göttin können wir mehr über die Kraft der Polaritäten lernen als von Tiamat. Sie vereint die Kriegerin mit der Mutter – sie ist stark und verletzlich.

Die Gesetze der Dualität markieren das Feld, innerhalb dessen wir unser Leben auf der Erde verbringen. Als komplementäre Gegensätze gehören sie untrennbar zusammen und formen unser Sein. Wenn diese Gegensätze im Gleichgewicht sind, wirkt das Leben in seiner Kreativität. Wenn das

Gleichgewicht gestört ist, wird die Schöpferkraft zur Vernichtungskraft. Und genau dann, wenn eine Polarität an Übermacht gewinnt und ein Ungleichgewicht droht, ist Tiamat eine sehr gute Wegbegleiterin.

Tiamat, als die Göttin des Salzwassers und Drachenfrau, ist auch die Vermittlerin zwischen Feuer und Wasser. Die gleiche Polarität wie zwischen Feuer und Wasser besteht auch in uns zwischen Geist und Gefühl. Schon immer hat Wasser unser Unbewusstes berührt und unsere Gefühle besänftigt oder ins Fließen gebracht. Wenn unser Gefühlschaos uns durcheinanderbringt, dann hilft Tiamat, unsere Gefühle zu ordnen. Sie beruhigt unser Seelenmeer.

In jedem Leben gibt es Licht und Schatten, Schmerz und Freude, Trauer und Liebe. Die Kunst besteht darin, das richtige Maß an Gleichgewicht in uns und somit für unsere Welt herzustellen. Die wichtigsten Fragen, die uns Tiamat mit auf den Weg gibt, lauten: Wie reagieren wir auf Chaos und Ungleichgewicht? Wie gehen wir mit Unordnung um? Lassen wir unser Leben davon bestimmen oder gar zerstören?

Tiamat steht am Abgrund und sagt: »Spring ins kalte Wasser, erforsche deine Tiefe und habe den Mut, erfrischt wieder aufzutauchen. Sorge für dein Gleichgewicht. Ihr lebt nicht mehr im Meer der Urzeit, ihr braucht Ordnung und Struktur, um an eurer Welt nicht zu erkranken.«

## ALTAR ZU EHREN DER GÖTTIN TIAMAT

Der Tiamat-Altar sollte einem Yin-Yang-Symbol ähneln. Yin und Yang bilden die Gegensätze und die sich ergänzenden Kräfte in der Natur ab. Das Symbol für Yin und Yang besteht aus einem Kreis, der in zwei Hälften geteilt ist, wobei eine Hälfte dunkel (Yin) und die andere hell (Yang) ist. Ein kleiner Kreis in jeder Hälfte von der jeweils anderen Farbe symbolisiert, dass sich in jedem Pol das Potenzial des anderen Pols befindet. Das Yin-Yang-Symbol verkörpert das Gleichgewicht und die Wechselwirkung dieser entgegengesetzten, aber miteinander verbundenen Kräfte.

Die helle Seite des Altars sollte in Weiß, Blau oder Grün gehalten sein. Dort kannst du Symbole für das Wasser wie Muscheln, Algen oder Treibholz aufstellen. Die dunkle Seite des Altars sollte eher aus dunkelgrünen oder schwarzen Tüchern gelegt werden. Diese Seite ähnelt somit der Tiefsee. Etwas auf dem Altar sollte auch die Symbolik der Zerstörung repräsentieren wie zum Beispiel eine Drachenfigur, Fischknochen oder Haizähne. Der kleine Kreis in beiden Hälften des Altars kann durch die Feder eines Wasservogels repräsentiert werden. Diese zeigt die untrennbare Verbindung von Wasser und Luft.

## MOMENTUM: DER OPTIMALE ZEITPUNKT FÜR DIESES MAGISCHE RITUAL

Wir können uns das ganze Jahr über an Tiamat wenden, zum Beispiel zwischen Ebbe und Flut, bei Vollmond an der See oder zwischen zwei Jahreszeiten wie Sommer und Herbst. Ich persönlich gehe gerne bei Gewitter und an endlosen Regentagen mit ihr in Kontakt oder dann, wenn wir im tiefsten Winter Aprilwetter haben – also zu Zeiten, wenn das Wetter aus der Jahreszeit fällt und sich darin die Kraft des Chaos offenbart.

## TIAMAT-RITUAL: WASSERZEREMONIE

**Dauer:** ca. 1 Stunde
**Ort:** in einem geschützten Raum oder an einem Gewässer
**Utensilien:** eine Schale und eine Feder
**Intention: Reinigung und Ordnung im eigenen Leben, um ins Gleichgewicht zu kommen**

Dieses Ritual lässt sich am besten an einem ungestörten Platz am Fluss, an einem See, am Meer oder zu Hause mit einer schönen Schüssel voller Wasser zelebrieren. Wenn du zu Hause dieses Ritual durchführst, kannst du dir hinterher auch Badewasser einlassen oder im Anschluss duschen. Diese Vorgänge bekräftigen die Reinigung im durchgeführten Ritual. In der Natur bietet sich zur anschließenden Reinigung das Schwimmen an.
Zur Einstimmung auf dein Ritual ziehe wieder einen Schutzkreis und gehe in Kontakt mit den Eigenschaften des Wassers. Setze dich ruhig hin, atme tief durch und finde deine innere Mitte. Konzentriere dich auf den Moment und öffne dein Herz für die Bedeutung, die dieses Ritual für dich haben soll. Soll es in erster Linie um Reinigung von negativen Energien, um spirituelle Orientierung oder einfach nur um Dankbarkeit für das Wasser gehen? In welchen Bereichen braucht dein Leben mehr Ordnung? Was ist zu viel geworden, und wo verspürst du einen tiefen Wunsch nach Reinigung und Veränderung?
Schaue dich um, überall siehst du Polaritäten: innen und außen, Gestein und Wasser, Himmel und Erde, Freude und Leid. Was macht das Wissen um die Polaritäten mit dir?

Anschließend beginne mit der Anrufung der Göttin Tiamat. So oder so ähnlich könnte diese formuliert werden:

*»Mächtige Hüterin der Urkräfte, ich rufe dich, Tiamat, in Ehrfurcht und Anerkennung. Dich, die du das Ur-Chaos und die Schöpfung in dir trägst, bitte ich um deine Weisheit und Führung. Möge deine Kraft aus den Tiefen deiner Ozeane in mir erwachen. Als Hüterin der Urmächte und des Gleichgewichts lasse mich die Weisheit der Polarität verstehen. Segne mich mit deinen Stärken und hilf mir, mich zu strukturieren. Möge mein Wirken in Harmonie mit den natürlichen Kräften des Lebens und der Schöpfung stehen. Ich danke dir für deine Präsenz und deine reinigenden Kräfte.«*

Es folgt die Wasserberührung: Tauche deine Hände ins Wasser. Fühle die Beschaffenheit und Temperatur des Wassers. Stelle dir vor, wie es Reinheit und Klarheit repräsentiert. Dann bitte das Wasser, dich zu reinigen und dass du es schaffst, loszulassen. Lasse die Gedanken los, die dich belasten, und erlaube dem Wasser, Reinigung und Erneuerung zu bringen. Nimm dann die Feder, »reinige« dein Gesicht damit oder fächere dich aus.

Folgende Affirmationen können dir helfen, dich in deiner Mitte zu bestärken. Sprich sie laut aus, während du das Wasser berührst.
Hier einige Beispiele, formuliere sie so, dass sie zu deiner Absicht passen!

*Ich bin Licht und Schatten.*
*Ich bin Feuer und Wasser.*
*Ich bin Luft und Erde.*
*Ich stärke meine Mitte.*
*Ich bin wandelbar, ich löse mich auf und fließe im Fluss des Lebens.*
*Ausgewogenheit tut mir gut.*

Reflektiere darüber, wo und wie Gegensätze in deinem Leben wirken. Finde deinen inneren Frieden damit. Was bist du bereit zu verändern, und wo akzeptierst du dich mit deinen Stärken und Schwächen?

Zum Abschluss bedanke dich bei Tiamat für ihre Anwesenheit und löse den Schutzkreis. Lasse die Schüssel mit Wasser noch so lange stehen, wie es sich gut anfühlt. Anschließend kannst du das Wasser der Natur zurückgeben.

Als Dank kannst du noch ein Wasserlied singen:

*The river is flowing, flowing and growing*
*The river is flowing, back to the sea.*
*Tiamat carry me, your child I will always be*
*Tiamat carry me, back to the sea.*

Oder auf Deutsch:

*Der Fluss, er fließt, fließt und wächst.*
*Der Fluss, er fließt zurück ins Meer.*
*Tiamat trage mich, dein Kind, das ich immer sein werde.*
*Tiamat, trage mich zurück ins Meer.*

(Angelehnt an »The River is Flowing«, die englischsprachige Version eines mündlich überlieferten indigenen Liedes aus Nordamerika.)

## TIAMAT-MEDITATION: POLARITÄTSVERBINDUNG

**Dauer:** mindestens 20 Minuten
**Unterstützend:** Musik mit Wellenrauschen
**Ort:** am Wasser oder an einem ungestörten Platz zu Hause
**Wirkung: Meditation zur Bewusstwerdung deiner polaren Anteile**

### Vorbereitung

Setze dich in eine bequeme Position, schließe die Augen und konzentriere dich auf ruhige, tiefe Atemzüge. Höre nun die Stimme der Göttin:

*»Erinnere dich an das Meer, an dem du zuletzt warst, wie es dich getragen hat, wie es dich umhüllt hat, was es dir zugeflüstert hat.*
*Erinnere dich dann an das letzte Mal, als du in deinem Wasser der Gefühle fast ertrunken wärst.*
*Finde den Moment zwischen diesen beiden Wellen - und hole mich zu dir.*
*Fühle mein Wasser in deinem Blut und dein Wasser in meinem Blut. Und dann: sprich.«*

### Visualisierung

Stelle dir eine weite, urzeitliche Landschaft vor, von den ungestümen Wellen des Meeres bis zu den stillen Gewässern. In der Ferne siehst du die Gottheit Tiamat, die die Dualität von Chaos und Schöpfung verkörpert. Sie steht im Wasser, und vor dir tut sich eine fast durchsichtige Brücke auf. Sie lädt dich ein, zu ihr zu kommen. Du gehst auf dem Wasser zu ihr, und nun steht ihr mitten im Meer. Weit und breit nichts außer der Spiegel des Meeres. Sie sagt: »Schau hin!« Du schaust in das Wasser und erkennst dich selbst. Nimm dir Zeit, über die verschiedenen Aspekte deines Lebens zu reflektieren, über Momente der Schöpfung und des Wandels, aber auch über Zeiten der Herausforderung und der Zerstörung. Wie sehr bist du vertraut mit Ebbe und Flut? Wann wurdest du zum Ungeheuer oder warst dein eigener Dämon?

Helligkeit und Dunkelheit bewegen sich durch dein Leben. Du bist Empfängerin und Botschafterin. Deine Imaginationskraft und dein Intellekt zeichnen dich aus. Du kannst gleichzeitig fühlen und denken. Geist und Materie sind für dich vereint. All diese Polaritäten helfen dir, aus der Fülle zu schöpfen. Die Göttin Tiamat erinnert dich daran, dass du eine Brückenbauerin bist und in unterschiedlichen Welten kommunizieren kannst.

Akzeptiere diese Dualität als Teil des menschlichen Daseins. Schaue durch dein drittes Auge, welche Bilder dir die Göttin vermittelt. Vielleicht überreicht sie dir auch ein Geschenk aus dem Meer als Symbol für deinen Weg.

**Atmung**

Du kannst die Meditation durch folgende Atmung unterstützen:

Am Anfang sollte die Einatmung genauso lang sein wie die Ausatmung. Das ist die einfachste Form, ein Gefühl von Gleichgewicht im eigenen Körper herzustellen. Die Atmung kann flach, schnell oder tief sein. Hauptsache, sie ist gleichmäßig. Bei dieser Form von Atmung wird uns bewusst, wie viel Achtsamkeit und Kraft die Balance braucht.

Anschließend lasse den Atemfluss durch deinen Körper fließen. Frage dich, wo Spannung ist und du durch Atmung Entspannung hinfließen lassen kannst. Unser Atemfluss gleicht sehr den Wellenbewegungen von Ebbe und Flut. Alles in uns ist eine ewige Bewegung, so wie im Wasser.

**Dankbarkeit**

Mache dir bewusst, dass zwei polare Kräfte sich gegenseitig immer unterstützen. Auf diese Art und Weise erzielen sie weit mehr Wirkung, als einer Kraft von ihnen allein möglich wäre. Erkenne an, dass auch du nicht vollkommen unabhängig sein kannst. Akzeptiere die naturgegebene, wechselseitige Abhängigkeit. Öffne dich für die Akzeptanz der Gegensätze, seien sie auch schmerzhaft. Finde für dich zum Abschluss eine Geste des Dankes an Tiamat und dich selbst.

**Abschluss**

Kehre langsam in die Gegenwart zurück, öffne die Augen und nimm dir einen Moment, um die Eindrücke der Meditation zu reflektieren.

# ATHENE/ MINERVA

*Göttin der Weisheit,*
*der Handwerkskünste und*
*der Kampfstrategie*

## EINBLICK IN DIE GRIECHISCHE MYTHOLOGIE

Nach dieser Göttin ist die Hauptstadt Griechenlands benannt worden. Daran erkennen wir schon, welchen Stellenwert die Göttin Athene hatte. Sie wird auch Pallas Athene genannt.

Athene war Kriegerführerin, Schutzherrin von Städten, Mutter, Künstlerin, Lehrerin, Helferin und Erfinderin. Aufgrund ihrer Klugheit, und weil es ihr oft gelang, strategische Lösungen zu finden, wird sie auch als Göttin der Weisheit verehrt.

Die Geburt von Athene hatte einen seltsamen Vorlauf.

Laut einer Prophezeiung von Gaia und Uranos sollte Zeus von seinem eigenen Sohn gestürzt werden und seine Tochter ihm ebenbürtig sein. Um dies zu verhindern, ersann Zeus eine List, als seine erste Geliebte Metis mit Zwillingen von ihm schwanger war.

Metis war eine mächtige Titanin, eine Göttin der Klugheit, der Bildung, des Rates und der Weisheit. Zeus brachte Metis jedoch dazu, sich in einen Wassertropfen zu verwandeln, sodass er sie sich mitsamt ihrer Leibesfrucht leicht einverleiben konnte. An dieser Stelle gibt es eine Wiederholung in der Geschichte, denn Zeus' Vater Kronos hatte seine Kinder ebenso verschlungen (vgl. hierzu die Geschichte der Göttin Hestia).

Eines Tages bekam Zeus jedoch heftige Kopfschmerzen und bat den Gott der Schmiedekunst, Hephaistos, ihn durch einen Axtschlag von seinem Kopf und damit seinen Schmerzen zu befreien. In manchen Versionen des Mythos führte Prometheus diesen Schlag aus, nicht Hephaistos. Aus dem gespaltenen Schädel Zeus' entsprang die bereits erwachsene Athene. Zum Erstaunen der versammelten Götter trug sie eine funkelnde, goldene Rüstung mitsamt Helm, Rundschild und Speer. Mit diesen Insignien ihrer Macht wird sie meistens in der bildenden Kunst dargestellt. (Athenes Bruder blieb in Zeus, ungeboren und unbenannt.) Nach Athenes Geburt stürzte der gesamte Kosmos ins Chaos, doch Athene stellte eigenhändig die Ordnung wieder her.

Da Athene eine Kopfgeburt des Zeus ist, also ganz vom Schoß abgeschnitten und rein »verkopft«, ist es nicht verwunderlich, dass sie selbst niemals Liebesbeziehungen einging und ewig jungfräulich blieb. Daher lautet einer ihrer Beinamen Parthenos, »die Jungfräuliche«. Selbstbestimmt und selbstsicher war Athene eine der mächtigsten und beliebtesten Göttinnen am Olymp. Sie hauchte den Menschen vielfach ihr Wissen und ihre Weisheit ein. Athene galt als die »Unermüdliche« oder »Unüberwindliche«, weil sie immer in ihre Taten vertieft war oder Dinge erfand. Sie verfügte über magische Fähigkeiten wie die Verwandlung in andere Lebensformen oder das Erschaffen von Gegenständen aus dem Nichts.

Die Göttin Athene wird auch »die Eulenäugige« genannt. Einerseits sollte das ihre Schönheit unterstreichen, andererseits gilt die Eule als kluges und weises Tier, das selbst bei Nacht sehen kann, und war so der Athene ähnlich. Oft wird die Göttin mit einem Steinkauz, *Athene noctua,* abgebildet. Ein weiteres kluges Tier, welches Athene begleitete und beriet, war die Schlange.

Athene galt als eine sehr bedachte Kriegsgöttin, denn sie wählte ihre Kämpfe besonnen aus. Diplomatisch begegnete sie auch ihren Feinden und schlug sie lieber mit dem Verstand als mit sinnloser Gewalt. Viele Helden wollten Athene deswegen auf ihrer Seite haben. So wurde sie zur Schutzpatronin von Perseus, Herakles, Odysseus und Theseus. Mit ihrer Gunst und Führung half sie ihnen, viele Hindernisse zu überwinden.

Sie war die androgynste Erscheinung unter den griechischen Göttinnen, weil sie sowohl männliche als auch weibliche Prinzipien vertrat. So wird sie fast immer mit Helm und Rüstung dargestellt (niemals nackt), mit einem muskulösen, kräftigen Körper, markanter Nase und durchdringendem Blick. Das Androgyne bringt ihre Kraft und ihre Unabhängigkeit zum Vorschein.

Als Göttin der Handwerkskünste brachte sie den Menschen bei, Schiffe und Streitwagen zu bauen. Ihr wird auch die Erfindung von Spinnrad, Webstuhl, der Töpferscheibe sowie der Flöte zugeschrieben. Ebenfalls brachte sie den Athenern den ersten Olivenbaum.

## DIE STIMME DER GÖTTIN ATHENE

*Hast du jemals gesehen, wie die Eulen ihr Nest bewachen und wie tatkräftig sie sich um ihre Brut kümmern? Aus zarten Zweigen weben sie ihre Nester als wahre Kunstwerke zum Schutz des Lebens. Ihre Liebe für ihre Nestlinge gleicht meinem Wohlwollen für euch Menschenkinder. Unermüdlich bin ich dafür im Einsatz, euch den Weg aus der Dunkelheit und dem Überlebenskampf heraus zu zeigen. Die Trübung eures Geistes braucht die Liebe der Göttinnen, damit ihr wieder lernt, mit dem Herzen zu sehen. Euer Verstand sollte eurem Herzen dienen. Wie sonst wollt ihr kluge Entscheidungen treffen, wenn nicht durch den innigen Rat eurer Herzkammern?*

*Setze dich einen Moment runter zur Erde. Nimm etwas Erde zur Hand, was siehst du? Ich sage dir, was ich sehe: Diese Handvoll Erde ist die gebündelte Erfahrung aller bis jetzt gewesenen Ereignisse. In dieser Erde sind auch deine Ahnen zu Hause. Keine Handlung bleibt von der Erde jemals unbemerkt, alles formt einander, darum liegt es mir so am Herzen, deinen Geist zu schulen. Euer Geist umfasst die Weiten des Universums, doch nur ein Funke davon erhellt eure Gedanken. Mein Geist ist immer wach, so wie die Natur niemals still ist. Alles ist mir Inspiration! So wie eine Raupe zum Schmetterling wird, will ich das Wesen der Dinge verstehen und verwandeln. Neugier ist mein Antrieb. Überall erblicke ich Potenziale, jedes Hindernis erweckt meinen Forschergeist. Ich bin anpassungsfähig, denn ich lasse mich von der Veränderung formen. So handle auch du; sei wie der stetige Fluss, der sich durch das Land der Erfahrungen schlängelt, die Erkenntnis in sich aufnimmt, sich am Ufer ausruht und sich dann dem Leben verschenkt.*

*Wie jedes Kunstwerk die Aufmerksamkeit des Betrachters auf sich zieht, so lerne, alles aus den verschiedenen Perspektiven zu betrachten. Finde Gefallen daran! Wenn du dann dein Ur-*

*teil fällst, werde zur Geliebten. Wenn du die Heldin deines Lebens werden willst, dann diene dem Regenwurm und nicht dem Gold. Das Gold verleiht dir keine Macht, du wirst ewig hungrig bleiben. Was dir Macht verleiht, ist der Hunger nach Bildung, und dein Wissen zum Wohle aller einzusetzen. Am Ende deines reichen Lebens werden es die Dankbarkeit und die Demut sein, die dich gesättigt haben.*

## DIE KRAFT DER GÖTTIN: WARUM SIE VON BEDEUTUNG FÜR UNS IST

Ich halte einen blauen Bleistift in der Hand mit der Aufschrift: »Die Waffe der Frau!« Dieser Bleistift kommt von der humanitären Hilfsorganisation *Plan,* die sich für die Bildung junger Mädchen weltweit einsetzt. Wissensvermittlung als Waffe gegen Unterdrückung und Armut. Als Flüchtlingskind weiß ich nur zu gut, dass dies der Wahrheit entspricht. Mein Weg aus der Armut gelang mir durch meinen Hunger, die Menschen, die Politik, die Sprache und die Erde zu verstehen. Darum ist es auch nicht verwunderlich, dass Pallas Athene zu einer meiner Lieblingsgöttinnen gehört.

Bildung hilft uns zu heilen! Bildung hilft uns, unser Wissen auf eine praktische und sinnvolle Weise anzuwenden, um fundierte Entscheidungen zu treffen. Nur durch Wissensanreicherung lernen wir komplexe Probleme zu verstehen, unterschiedliche Perspektiven zu berücksichtigen und mit Herausforderungen auf eine konstruktive und mitfühlende Weise umzugehen. Als Göttin der Weisheit wird Athene uns immer dazu ermutigen, uns fortzubilden, zu philosophieren, zu lesen, zu meditieren, damit wir unseren Geist schulen lernen.

Die Göttin Athene verkörpert für mich das Prinzip der Evolution. Erfinderisch, wissbegierig, tüchtig, künstlerisch schmiedet sie neue Pläne, um am Ball zu bleiben. Athene ist eine fortlaufende Bewegung. Sie ist, so wie die Natur, immer ehrgeizig. Hast du jemals gesehen, dass Ameisen sich ausruhen oder Bienen eine Woche Urlaub nehmen? Die Natur ist ständig in Bewegung, arbeitet, strebt, baut, vergeht und zerstört.

Athenes Strebsamkeit hat sie zur mächtigen, strategischen Göttin gemacht. Sie ist eine Göttin, die sich dafür einsetzt, dass wir unseren Plänen treu bleiben! Sie ermutigt uns, Pioniergeist zu entwickeln. Als große Denkerin nutzt sie die Kunst, um sich auszudrücken, und rät uns, das Gleiche zu tun.

Immer wenn wir Erfolg haben, steht sie hinter uns und lächelt. Was definieren wir als Erfolg? Die Summe auf unserem Konto sagt definitiv nichts über unseren Erfolg aus! Das ist nur die kapitalistische Sicht auf Erfolg. Erfolgreich zu sein bedeutet, seiner Lebensbestimmung nicht im Weg zu stehen. Erfolg bedeutet, Freude zu empfinden bei dem, was wir kreieren. Erfolg bedeutet, Hindernisse zu überwinden, sich weiterzuentwickeln und sein volles Potenzial auszuschöpfen, um zu heilen. Erfolg kann auch bedeuten, anderen zu helfen, positive Veränderungen in der Welt zu bewirken, ohne dass man daraus ein Geschäft macht.

Jeder Mensch kommt mit einer einzigartigen Fähigkeit zur Welt. Vielleicht bist du die Frau, die Lust hat, neue Ideen zu entwickeln? Deine Freundin ist vielleicht handwerklich begabt. Oder dein Erfolg zeichnet sich durch deine soziale und emotionale Intelligenz aus. Athene ermutigt dich dazu, herauszufinden, worin deine Stärken liegen. Sie sagt: Probiere neue Dinge aus und beobachte, was dir leichtfällt und was nicht. Sie fragt: Was geht dir leicht von der Hand? Sie fordert dich auch auf, einen kritischen Geist zu entwickeln, die Fähigkeit, Informationen zu analysieren und den Dingen auf den Grund zu gehen.

Als Göttin der Weisheit ist sie auch die heilsame Erinnerung daran, dass unser Geist volle Entfaltung finden möchte. Wir sollten uns nicht nur intellektuell schulen, sondern uns auch spirituell und emotional weiterentwickeln. Denn nur durch unsere Herzen werden wir lernen, weise zu sehen.

Wie alle spirituellen Lehrerinnen würde sie uns vermitteln, uns in Besonnenheit und Gelassenheit zu üben. Die Kunst der Selbstbeherrschung schützt uns vor übermäßigen Emotionen und impulsivem Handeln. Zurückhaltung, Abwarten, sich selbst zurückzunehmen - all das führt uns zur Besonnenheit. Gelassenheit bedeutet, in sich zu ruhen und Dinge, die man nicht ändern kann, ohne Aufregung hinzunehmen.

Reine Wissensvermittlung macht uns nicht weise. Weisheit erlangen wir durch die Anwendung des Wissens in der Praxis. Darum sollten wir üben, üben, üben, damit unser Wissen uns nährt und weit trägt.

## ALTAR ZU EHREN DER GÖTTIN ATHENE

Was ist dein Lieblingszitat? Welche großen Denkerinnen und Denker inspirieren dich? Auf den Altar von Athene gehören Bücher und Schriften. Die Olive ist ein Symbol der Weisheit und des Friedens und wird mit Athene in Verbindung gebracht. Darum könnten Olivenzweige oder eine Schale mit Olivenöl den Altar schmücken. Etwas, das dein handwerkliches oder künstlerisches Geschick zeigt, könnte auf dem Altar stehen. Eine Schachfigur als Symbol für weise Strategien wäre auch möglich, ebenso ein kleiner Schild als

Zeichen von Athenes Schutz- und Verteidigungsfunktion. Eine kleine Statue oder das Bild einer Eule und einer Schlange könnten ebenso einen Platz finden auf dem Altar, um Athenes Verbundenheit mit diesen Tieren zu zeigen. Ihre Farben sind Blau, Gold, Grau und Weiß.

## MOMENTUM: DER OPTIMALE ZEITPUNKT FÜR DIESES MAGISCHE RITUAL

Die Panathenäen waren die antiken Festtage zu Ehren von Athene. Bei diesem Fest feierte man die körperlichen und geistigen Fähigkeiten der Göttin. Das Fest dauerte drei Tage und stellte ein wichtiges religiös-politisches und gesellschaftliches Ereignis dar. Die Panathenäen wurden vermutlich vom 25. bis 28. Juli gefeiert.

Für mich ist Athene im Gegensatz zu anderen Göttinnen zeitlos und damit auch unabhängig von den Jahreszeiten zu betrachten, also keiner Jahreszeit zuzuordnen. Mit ihren Fähigkeiten ist sie für uns das ganze Jahr über relevant. Darum kannst du dich immer an sie wenden, wenn du das Bedürfnis danach hast.

## PFLANZLICHE VERBÜNDETE DER GÖTTIN: OLIVENBAUM

Wie bereits erwähnt, brachte Athene den Menschen den ersten Olivenbaum. Der Ölbaum wird seitdem als Symbol für Frieden, Weisheit und Segen betrachtet. Er ist nicht nur eine wichtige Quelle für Nahrung und Öl, sondern auch ein Zeichen der Fruchtbarkeit und des Überlebens. Der Olivenbaum hat seitdem eine lange Geschichte in der mediterranen Kultur.

Gemäß einer Legende stritten Poseidon und Athene um die Schutzherrschaft über die Stadt Athen. Um zu entscheiden, wer die Stadt schützen und verteidigen sollte, veranstalteten die beiden Gottheiten einen Wettstreit: Wer der Stadt das nützlichere Geschenk machte, sollte als Sieger aus dem Wettkampf hervorgehen. Poseidon schenkte einen Brunnen, der jedoch nur Salzwasser spendete, während Athene den Olivenbaum schenkte, der sowohl Holz als auch Früchte lieferte. Es erübrigt sich zu schreiben, wer gewann. An die Stelle, an der Athene ihren Speer vor Freude über ihren Sieg in den Boden rammte, wuchs ein heiliger Olivenbaum und wurde Teil des Pandroseion-Tempels auf der Akropolis von Athen. Im Innenhof des Tempels wuchs der Olivenbaum, der jedoch bei der Zerstörung des Tempels durch die Perser im Jahr 480 v. Chr. verbrannte. Berichten zufolge wuchs bereits wenige Tage später an genau derselben Stelle ein neuer Trieb, was als Symbol für die Unbesiegbarkeit Athens gedeutet wurde. Auch heute noch findet man im Pandroseion an der gleichen Stelle einen Olivenbaum, den die griechische Königin Sophie von Preußen im Jahr 1900 gepflanzt hat.

Olivenöl ist aus unseren Küchen nicht wegzudenken. Schon in der Antike nutzten Menschen dieses Öl für die Herstellung von Salben, zum Schutz des Körpers nach einem Sonnenbad und zur Unterstützung der Wundheilung. Olivenöl ist reich an einfach ungesättigten Fettsäuren, die das »gute« HDL-Cholesterin erhöhen und das Risiko von Herzkrankheiten verringern können. Der Verzehr von Oliven und Olivenöl kann die Verdauung fördern und zur Regulierung des Stuhlgangs beitragen. Die sekundären Pflanzenstoffe wirken vorwiegend antioxidativ und entzündungshemmend.

## ATHENE-RITUAL: DIALOGE DER ERKENNTNIS

**Dauer:** ca. 2 Stunden
**Ort:** bei dir zu Hause, bei gutem Wetter im Park oder am Feuer
**Utensilien:** philosophische Texte von Frauen
**Intention: Wachsen am Wissen anderer Frauen**

Wenn wir uns mit der Athene-Energie verbinden wollen, dann sollten wir an der Fülle anderer Frauen wachsen. Es geht darum, Inspirationen und Denkweisen unserer Vorgängerinnen zu verstehen und uns von ihren Lebenswegen berühren zu lassen.
Einer meiner wichtigsten Ratschläge zu Beginn meiner Frauengruppen ist immer: »Haltet euch an Frauen, die für euch ein Vorbild sind! Verbindet euch mit dem ›alten‹ und ›neuen‹ Wissen von Heilerinnen, Philosophinnen, Analytikerinnen, Schriftstellerinnen und spirituellen Lehrerinnen. Diese sind Gold für unsere Seele.«
Gerade als erwachsene Frauen nehmen wir uns immer weniger Zeit, mal so richtig in einen Text einzusteigen und uns in diesen zu vertiefen. Was bedeutet dieser Text für die Geschichte des Landes? Welchen Sinn hat er für uns? Was ist meine Meinung über diesen Text? Was ist neu an ihm, und warum ist er so besonders?
Auf unseren modernen Messengerplattformen werden wir zwar mit schönen Zitaten überflutet, aber im seltensten Fall bleiben diese haften oder erfahren wir Näheres über den Verfasser oder die Verfasserin. Wissensaneignung braucht jedoch mehr als oberflächliches Scrollen. Philosophische Abendrituale sollten den Fokus auf die Wissensaneignung lenken und nicht im Small Talk verblassen! Wissbegierig zu

sein, ohne unter Erfolgsdruck zu stehen, kann uns beleben und vor allem motivieren, selbst kreativ zu werden.

**Dieses Ritual kannst du in zwei Varianten durchführen.**
**Variante a)** Plane einen Tag oder einen Abend im Monat, vielleicht bei Vollmond, zu Ehren der Göttin Athene. Suche dir zur Vorbereitung einen philosophischen Text oder ein Gedicht aus, den/das du vortragen wirst.

An diesem Tag/Abend gehst du bewusst in die Rolle von Athene und verbindest dich mit der Göttin. Nachdem du den Schutzkreis gezogen hast, rufe sie zu dir:

*»Göttin Athene, Göttin der Weisheit und des Schutzes, Herrin der Klugheit und des strategischen Denkens. Gewähre mir deine Weisheit und Einsicht, leuchte mir meinen Weg und schenke mir mehr Erkenntnisse über das Leben. Hilf mir, mutig und tapfer meinen eigenen Weg mit Erfolg zu gehen. Mögen meine Gedanken so scharfsinnig sein wie deine Gedanken und dein Speer.«*

Stelle Athene deinen ausgewählten Text vor. Vertiefe dein Wissen in meditativer Stimmung und nimm wahr, was Athene dir antwortet.

Beschließe das Ritual, indem du den Schutzkreis löst und dich bei Athene bedankst.

**Variante b)** Lade Freundinnen zu einem philosophischen »Athene-Abend« ein, ihr bildet eine Tafelrunde zum Thema »Dialog der Erkenntnis«.
Nachdem du den Schutzkreis gezogen hast, teilt ihr Gedichte oder Texte und philosophiert gemeinsam darüber. Lasst

euch von den Texten, die die jeweils anderen ausgesucht haben, inspirieren. Zu Ehren von Athene kannst du einfach nur Oliven, Olivenöl und Brot servieren und die Tischdekoration an den Athene-Altar anpassen.

Beschließe das Gruppenritual, indem du den Schutzkreis löst und ihr euch bei Athene und beieinander bedankt.

## ATHENE-MEDITATION: KONZENTRATIONSMEDITATION

**Dauer:** mindestens 5 bis 10 Minuten
**Unterstützend:** Wähle ein unbewegliches Objekt, auf das du deine Aufmerksamkeit richten möchtest.
**Ort:** ein ungestörter stiller Platz zu Hause
**Wirkung: Meditation zur Vertiefung deiner Konzentrationsfähigkeit und zur Fokussierung**

**Hinweis:** Beginne mit kurzen Sitzungen von 5 bis 10 Minuten und erhöhe die Dauer allmählich, wenn du dich wohler fühlst. Sei nicht so streng mit dir, wenn die Gedanken abschweifen. Die Konzentrationsfähigkeit zu üben, braucht Zeit.

Die Athene-Meditation ist angelehnt an die Shamata-Meditation (*Shamata* = »ruhiges Verweilen«), auch bekannt als »Meditation der Ruhe« oder »Konzentrationsmeditation«. Diese Meditation eignet sich besonders dafür, deinen Fokus und deine Konzentrationskraft zu stärken. Sie ist auch eine gute Basisübung, um deine Meditationspraxis zu vertiefen. Indem du während der Meditation den Fokus auf deine Atmung, ein Objekt und auf ein Mantra zu Athene richtest, lernst du, dich nicht so schnell von deinen Gedanken ablenken und einnehmen zu lassen. Du wirst rasch merken, dass dir dieser neu gewonnene Fokus auch im Alltag, bei der Umsetzung deiner Ziele, behilflich sein wird, weil du lernst, besser bei der Sache zu bleiben. Die Meditation hilft dir auch, deine Gedanken und Emotionen zu beruhigen.

**Vorbereitung**

Das Objekt, zum Beispiel eine Vase, sollte ca. zwei Meter von dir entfernt platziert werden.
Hier einige Vorschläge für Athene-Mantras:

*Weisheit und Stärke wirken durch mich.*
*Ich bin stark und fokussiert.*
*Ich bin klug und mutig.*
*Mein Weg führt zum Erfolg.*

**Sitzhaltung**

Bei dieser Meditation ist es ratsam, dich aufrecht auf einen stabilen Stuhl oder ein Meditationskissen zu setzen. Die Wirbelsäule sollte gerade sein, aber nicht angespannt. Die Schultern sollten locker und eher nach hinten aufliegend sein. Die Hände können bequem auf den Oberschenkeln ruhen. Mit dieser Körperhaltung unterstützt du optimal die innere Haltung von Konzentration.

**Atmung**

Beginne mit tiefen und gleichmäßigen Atemzügen. Stelle dir vor, wie du mit jeder Ausatmung unnötige Anspannung aus deinem Körper entlässt und mit jeder Einatmung Frische, Wachheit und Fokussierung in dich hineinholst. Schließe deine Augen, wenn du magst.
Nimm während der Atemzüge wahr, was oberflächlich an Gedanken und Emotionen präsent ist. Wie gehst du mit die-

ser Stimmung um? Nimm auch deine Körperempfindungen wahr. Lasse dir Zeit. Lasse alles so sein, wie es jetzt ist. Greife nicht aktiv ein. Werde zur Beobachterin deiner selbst.
Anschließend lenke deine Aufmerksamkeit auf deinen Atem. Fühle das Einströmen der Atmung in deinen Nasenlöchern und auch das Wiederausströmen.
Anschließend öffne deine Augen und konzentriere dich auf das Objekt, das du ausgewählt hast, und sprich dein Mantra.

**Objektfokus/Mantra und Konzentration**
Lasse die Augen während der Mediation geöffnet und richte nun deine gesamte Aufmerksamkeit auf das gewählte Objekt und dein ausgewähltes Mantra. Bleibe mit deiner vollen Konzentration bei dem Objekt und dem Mantra und atme ruhig weiter. Verbanne alle anderen Gedanken aus deinem Geist und verbleibe eine Weile (mindestens eine Minute) vollkommen bei dem Objekt und dem Mantra. Konzentriere deine Aufmerksamkeit auf die Farbe oder Form des Objekts. Wenn deine Gedanken abschweifen, fasse noch einmal den starken und bewussten Entschluss, dich auf das Objekt und das Mantra zu besinnen, und beginne von Neuem, den Fokus darauf zu richten. Die Aufmerksamkeit immer wieder neu auszurichten, dich zu fokussieren und zu konzentrieren, kannst du so oft und so lange üben, wie du magst. Sei sanftmütig mit dir selbst und erlaube dir, ohne Urteil zu üben.

**Abschluss und Dank**
Lasse dich von einem Gefühl der Gelassenheit tragen. Beende die Meditation langsam, indem du deine Aufmerksamkeit wieder auf deine Umgebung lenkst. Bewege deine Finger und Zehen und öffne dann sanft die Augen. Fühle die tiefe Dankbarkeit in deinem Herzen und vertraue darauf, dass du auf dem richtigen Weg bist.

# INANNA

*Mond- und Fruchtbarkeitsgöttin,*
*Göttin von Himmel und Erde,*
*Göttin der Liebe,*
*des Kampfes und des Todes*

## EINBLICK IN DIE SUMERISCHE MYTHOLOGIE

Mit der Göttin Inanna reisen wir weit in die Menschheitsgeschichte zurück. Das sumerische Reich, dem Inanna entstammt, entstand etwa 3000 v. Chr. entlang der Ufer des Euphrat und des Tigris im heutigen Irak. Als eines der ersten Völker erfanden und nutzten die Sumerer eine Schrift. Die sumerische Keilschrift ist neben den ägyptischen Hieroglyphen die älteste Schrift der Welt. Sie wurde für den Handel, die Verwaltung und für religiöse Texte verwendet. Mithilfe dieser historischen Aufzeichnungen konnte die Kultur des sumerischen Reiches gut erforscht werden.

Der Inanna-Mythos der Sumerer wurde ca. 2000 v. Chr. auf Tontafeln geschrieben. Der Mythos selbst wird allerdings als sehr viel älter angesehen (ca. 5000 v. Chr.) und ist damit einer der ältesten und bekanntesten aufgeschriebenen Mythen unserer Welt.

Die Sumerer waren technologisch fortschrittlich. Ihr Wissen über Mathematik, Astronomie, Medizin, Kunst, Architektur, Philosophie und Religion prägte nicht nur die ganze Geschichte des Zweistromlandes (Mesopotamien), sondern hatte auch Auswirkungen auf die Menschheitsgeschichte.

Die sumerische Gesellschaft war in einer Reihe von kleinen Stadtstaaten organisiert, die entlang der beiden Flüsse Euphrat und Tigris lagen. Durch die strategisch günstige Position zwischen den Flüssen bildete das sumerische Reich einen wichtigen Dreh- und Angelpunkt für den Handel. Die Sumerer handelten mit den Produkten ihrer Töpfereien, betrieben Metallverarbeitung und Textilherstellung.

Der Glaube der Sumerer war polytheistisch, und sie hatten eine reiche mythologische Tradition. Zu ihren Hauptgottheiten zählten der Gott Enlil als Gott der Luft, des Windes und des Schicksals, der Gott Enki als Gott des Wassers, der Weisheit und der Magie, der Gott Anu als Himmelsgott und Vater der Götter und die Göttin Ninhursag als Schöpfungsgöttin und Muttergöttin. Die Göttin Inanna (Innini, Nana, Nini) war eine der mächtigsten Göttinnen im sumerischen Pantheon, ihr waren zahlreiche Tempel und Kulte in ganz Mesopotamien gewidmet. Sie regierte über die Stadt Uruk, wo auch ihr Haupttempel Eanna (»Haus des Himmels«) stand.

Inanna verkörperte die ganze Palette des Frauseins von der Jugendlichen und der Geliebten über die Mutter bis hin zur weisen alten Frau. Auch als Kriegerin wurde sie beschrieben. Ihr Name bedeutet »Königin des Himmels« oder »heilige Himmelspriesterin«.

Auf Abbildungen trägt sie eine Hörnerkrone mit Lapislazuli-Steinen, und in ihrem Schoß liegt eine üppige Traube von Datteln als Zeichen ihrer Fruchtbarkeit. Auf einigen Tafeln wird Inanna als Vogelfrau abgebildet, zusammen mit Schlangen, Eulen und Löwen, die ihre Weisheit und Macht symbolisieren.

Ihr Planet war die Venus, darum wurde sie auch als Morgen- und Abendstern verehrt. Der achteckige Stern und die abnehmende Mondsichel gelten als ihre Hauptsymbole.

Ihre Eltern waren beide Mondgottheiten. Ningal war ihre Mutter, und ihr Vater war Nanna. Inannas göttlicher Geliebter war der Hirtengott Dumuzi. Mit ihm zeugte sie zwei Söhne: Schara und Lulal.

Als anmutige Mondgöttin verkörperte sie die Liebe und die Lust. Sie ist die älteste Liebesgöttin, die wir kennen. Viele der Liebesgöttinnen, wie Aphrodite und Freyja, gehen auf das Urbild Inanna zurück. Die sumerische Inanna herrschte auch im späteren babylonischen Reich als Ishtar.

Inanna war die Quelle des Lebens, die das Getreide sprießen, die Herden wachsen ließ und das Wachstum der Föten im Mutterleib förderte. Gleichzeitig verkörperte sie das ursprüngliche Bild der Mutter Erde und eine unersättliche, begehrenswerte und unabhängige Liebhaberin, deren Liebe ständig neu entfacht wurde. Inanna vertrat Himmel und Erde, Geburt und Tod, Kampf und Liebe und war zutiefst vertraut mit dem Kreislauf von Leben – Tod – Leben. Um diese Spannweite als Göttin erfüllen zu können, besaß sie vierzehn göttliche Machtmittel, die als »ME« bezeichnet wurden. Vereinfacht ausgedrückt sind die ME im Glauben der Sumerer die Weisheitsgesetzestafeln, die die heiligen Gesetze von Himmel und Erde präsentieren. Sie wurden den Menschen von den Göttern überreicht und dienten deren ethischer Orientierung.

Inanna kommt in vielen verschiedenen Mythen der Sumerer vor. Die bekanntesten Aspekte ihres Lebens sind: »Inanna und der Huluppu-Baum« (Huluppu-Baum = Weltenbaum), »Inanna und Enki«, »Liebeswerben und heilige Hochzeit mit Dumuzi«. Der bekannteste und meistinterpretierte Mythos ist aber der sogenannte Abstieg der Inanna in die Unterwelt. Auf diesen Mythos – ihren Abstieg in die Unterwelt – will ich etwas genauer eingehen, weil er für mich eine ganz besondere Bedeutung hat.

Inanna ist die erste Gottheit, von der überhaupt berichtet wird, dass sie den Abstieg in die Unterwelt wagte. Seitdem ist das Abstiegsmotiv aus vielen religiösen Mythen nicht mehr wegzudenken.

**Abstieg der Inanna in die Unterwelt**

Entschlossen, die Unterwelt zu betreten, spürte Inanna, wie ihr Herz von den himmlischen Höhen bis zum festen Urgrund der Erde gezogen wurde, obwohl die Unterwelt das Reich der Toten und der Ort war, von dem niemand wiederkehrte. In diesem Reich herrschte die Göttin des Todes, Ereshkigal, die gerade in den Wehen lag und um ihren Gemahl trauerte, der verstorben war.

Bevor Inanna ihre Reise antrat, traf sie Vorsichtsmaßnahmen: Sie gab ihrer weiblichen Verbündeten, Ninšubur, Anweisungen, sie zu retten, sollte sie nicht innerhalb von drei Tagen zurückkehren. Und sie bekleidete sich mit allen Insignien ihrer Macht (Doppelaxt und Krone) und nahm ihre ME-Kräfte mit.

So wollte sie vor die sieben Tore der Unterwelt treten. Als Inanna das erste Tor erreichte, wurde sie vom Torhüter aufgehalten und aufgefordert, ihre Absicht zu erklären, weshalb sie in die Unterwelt wolle. Inanna erklärte, sie wolle an der Beerdigung des Gemahls ihrer Schwester teilnehmen. Der Torhüter informierte Ereshkigal über Inannas Absicht. Ereshkigal reagierte wütend und erklärte, dass sie entsprechend den Gesetzen und Ritualen ihres Reiches behandelt werden müsse, wenn sie in die Unterwelt wolle. Dieses Gesetz besagte, dass man nur nackt, unbewaffnet und ohne Macht Einlass in die Unterwelt bekäme.

Inanna wurde daraufhin nackt und sich tief verneigend zu Ereshkigal gebracht, zudem wurde ihr an jedem der sieben Tore der Unterwelt eines ihrer göttlichen Attribute (ME) genommen.

Ereshkigal sah nichts außer ihrem eigenen Zorn und ihrer eigenen Trauer um den Tod ihres Gatten und schaute Inanna mit den »Augen des Todes« an. Durch diesen Blick starb Inanna, woraufhin ihr Leichnam an einen Pfahl gehängt wurde, wo er zu einem faulenden Fleischklumpen verkam.

Nachdem Inanna nach drei Tagen nicht zurückgekehrt war, folgte ihre himmlische Helferin, Ninšubur, ihren Anweisungen und alarmierte Menschen und Götter mit lautem Geschrei. Sie bat den Gott Enlil sowie Inannas Vater Nana um Hilfe, doch beide lehnten es ab, sich in die komplizierten Regeln der Unterwelt einzumischen. Schließlich hörte Enki, der Gott der Weisheit, vom Tod seiner Enkelin und beschloss, sie zu retten, indem er zwei winzige magische Wesen aus dem Schmutz seiner Fingernägel erschuf. Diese schlichen unbemerkt in die Unterwelt und nahmen das Wasser und die Nahrung des Lebens mit dorthin, mit denen sie Enki ausgestattet hatte.

Diese beiden Wesen nahmen sich des Klagelieds der Ereshkigal an, die noch immer um ihren Gemahl trauerte. Damit erweichten sie Ereshkigals Herz und halfen ihr auch bei ihren Geburtswehen. Dankbar für das Mitgefühl und die Hilfe, willigte Ereshkigal in den Wunsch ein, den Leichnam von Inanna herauszugeben – allerdings stellte sie eine Bedingung: Inanna wurde gezwungen, für sich einen Ersatz zu stellen!

Die beiden magischen Wesen bestrichen den Leichnam Inannas mit dem »Kraut des Lebens« und dem »Wasser des Lebens« und erweckten sie damit wieder zum Leben. So gelang es Inanna, die Unterwelt lebendig wieder zu verlassen.

Inanna herrschte erneut über Erde und Himmel, jedoch verwandelt. Sie war seitdem gekennzeichnet mit dem »Auge des Todes«, welches ihr die Macht verlieh, auch über den Tod zu urteilen. Als Ersatz für ihren Leichnam wählte sie ihren Liebhaber Dumuzi aus, der als Einziger nicht um sie getrauert hatte.

Dem Mythos zufolge muss Dumuzi für alle Ewigkeit jeweils ein halbes Jahr in der Unterwelt bleiben und löst sich dann mit seiner Schwester Geschtinanna (Göttin des Traumes und des Weines) ab, die gezwungen ist, das zweite halbe Jahr dort zu verbringen.

Der Mythos vom Abstieg der Inanna in die Unterwelt ist reich an Symbolik und hat verschiedene Interpretationen hervorgebracht. Am häufigsten wird er mit dem jährlichen Absterben und Wiederaufleben der Natur in Verbindung gebracht, da zu der Zeit, als Inanna in die Unterwelt ging, der Winter einkehrte und mit ihrer Auferstehung der Frühling erwachte.

## DIE STIMME DER GÖTTIN INANNA

*Hört meine Stimme, ihr Suchenden der Wahrheit. Ich bin die Mondgöttin. Mir ist die Stille der Nacht vertraut. Ich bewege das Wasser des Lebens zwischen Ebbe und Flut. In meinem Herzen ruht der Schatz all eurer Gefühle. Lasst euch von meinen Worten durch das Tal eurer Trauer bis zum Gipfel eurer Freude tragen. Seht, wie das Licht des Vollmondes den Schatten der Nacht erhellt. So weise ich euch den Weg durch die Finsternis. Der tiefe Urgrund unter euren Füßen ängstigt euch, darum zeige ich euch am Himmel das Mysterium des Lebens! In jeder Phase des Mondes erblickt ihr mein Gesicht. Seit Anbeginn gehe ich auf und unter. Dem Tag folgt die Nacht, dieses Erwachen und Vergehen ist der vollkommene Kreislauf des Lebens. Dieser Kreislauf kommt nie zum Erliegen. An jedem Morgen, in jedem Monat, in jeder Jahreszeit, in jedem Leben geben sich die Vergänglichkeit und die Wiedergeburt die Hand. Der Tod wird immer dem Leben dienen. Nichts ist von Dauer und dennoch ewiglich! So ist die Wirklichkeit! Ich verströme mein silbernes Licht und umkreise die Erde mit meiner Liebe, sodass ihr euch nicht zu fürchten braucht vor dem Leben und dem Tod. Ihr habt euer fragiles Leben geborgt bekommen, und ihm liegen Tausende Geheimnisse zugrunde. Ich betrachte das Lebensrad mit dem »Auge des Todes«. Das Leid ist vom Leben nicht zu trennen, denn jedes Leben hat eine dunkle Seite. Diese bittere Wahrheit fordert euch auf, die Fülle des Lebens in all seiner Vielfalt auszukosten. Die Summe all eurer Erfahrungen sollte eure Lust am Leben steigern und nicht mindern. Um den Wert aller Dinge auszukosten, solltet ihr mit Hingabe die Pracht des Lebens feiern. Darum schaut mit den »Augen der Liebe« auf dieses so kostbare Leben und umarmt den Schatten der Vergänglichkeit.*

# DIE KRAFT DER GÖTTIN: WARUM SIE VON BEDEUTUNG FÜR UNS IST

Inanna war die erste Göttin, mit der ich in Berührung gekommen bin, als ich Anfang zwanzig war. Ihr Mythos, der mir durch meine persischen Wurzeln auch im Wortlaut sehr vertraut vorkam, war für mich eine Offenbarung. Durch Inanna ist mein persönlicher Heilungsweg angestoßen worden.

Wenn ich auf diese Zeit meines Lebens zurückblicke, dann war ich meist im dunklen Reich von Ereshkigal zu Hause. Diverse traumatische Ereignisse haben mich schon früh mit der Erfahrung von Tod und Schmerz vertraut gemacht. Wenn ich über Tod schreibe, meine ich es im übertragenen Sinne und nicht den Sterbeprozess als solchen. In dieser Zeit fehlte mir jedoch die Vorstellung, dass man dieses düstere Reich Ereshkigals auch wieder verlassen konnte.

Mit Inanna kam eine meiner wichtigsten Lehrerinnen und meine große Heilerin in mein Leben. Diese Frau ist für mich die Reinkarnation der Göttin selbst. Sie nahm sich meiner tiefsten Seelenabgründe an, hörte voller Mitgefühl zu und erzählte mir immer mehr über den Mythos von Inanna. Dank ihrer Zuwendung fand ich einen Weg aus dem Totenreich.

Heute verstehe ich, dass der Kontakt mit dem Tod weitaus mehr ist, als den eigenen Schatten zu bearbeiten. Es geht um das Hinabsteigen in die eigene innere Wunde und um den Verlust der Identität, um ein radikales Loslassen, um neu erschaffen zu werden. Radikales Loslassen bedeutet gleichzeitig auch radikale Akzeptanz seinem Schicksal gegenüber. Aus Erfahrung weiß ich, dass dieser Weg ein Prozess ist, bei dem wir mehr als ein Heilungsritual brauchen, um seelisch und körperlich zu gesunden.

Inanna, die mit der Fülle der Lebendigkeit und vielen kostbaren MEs gesegnet war, machte sich freiwillig auf in das Reich der Toten! Sie verlor alles, was sie hatte, wurde geläutert und neu zusammengesetzt, um dann mit Hingabe dem fruchtbaren Leben zu dienen. Für mich gleicht der Abstieg von Inanna einem schamanischen Initiationsprozess, der ein tiefgreifender, transformatorischer Prozess ist. Dieser wird oft als Teil einer Berufung oder als Übergangsritus in ein neues Stadium des Lebens verstanden.

Weshalb aber macht sich eine Göttin auf in das Reich der Toten, wenn sie doch im Himmel und auf der Erde mit aller Fülle gesegnet ist? Die Antwort ist einfach: Weil nur durch die Erfahrung von Leid, Krankheit und Tod die Ganzheit des Lebens in seiner Fülle erfasst werden kann. Somit repräsentiert Inanna den vollständigen Reifungszyklus eines jeden Menschen.

Dadurch, dass sie mit dem »Auge des Todes« gekennzeichnet wurde, war ihr Herz voller Mitgefühl, da sie nun vertraut war mit der Erfahrung von Leid. Dass Inannas Herz voller Mitgefühl war, zeigt sich im Mythos daran, dass sie niemanden in die Unterwelt schickte, der um sie trauerte. Sie verschonte alle trauernden Menschen und Götter und schickte Dumuzi in die Unterwelt, der als Einziger nicht getrauert hatte. Somit half Inanna auch Dumuzi, die Erfahrung der Initiation zu machen.

Inanna und Ereshkigal stehen für den Kreislauf von Leben – Tod – Leben. Als ich dieses Bild verinnerlichte, verstand ich, dass es nicht nur einen Weg hinab in das Totenreich gibt, sondern auch den Weg wieder hinauf! Wir brauchen die Erfahrung von Leid, um unser Mitgefühl für alles Lebendige kultivieren zu können. Inannas Heldinnenreise in die Unterwelt und ihre Wiedergeburt helfen uns, einen versöhnlichen Blickwinkel einzunehmen auf die Traumata und Verletzungen unseres Lebens.

Der Blick auf schmerzhafte Erfahrungen konfrontiert uns häufig mit Kummer. Ganze Pathologien bauen sich darauf auf, wenn wir nicht lernen, einen Weg hinaus aus dem Schmerz, der Verzweiflung und Hilflosigkeit zu finden. Der gesamte Inanna-Mythos ist reich an Bildern der Heilung, des Vertrauens und der Reifung. Inanna gibt uns viele kostbare Inspirationen über das Leben und die menschliche Natur mit. Sie zeigt uns den Wert von Mut und Entschlossenheit, wenn wir uns auf eine Reise begeben, sei es physisch oder spirituell. Durch ihre Reise in die Unterwelt lehrt sie uns, über die Bedeutung von Verlust und Wiedergeburt nachzudenken, und wie wir durch Dunkelheit und Prüfungen hindurchgehen können, um zu wachsen und uns zu transformieren. Wir können lernen, die Leere und die Fülle miteinander zu verbinden. Inanna erinnert uns daran, dass das Leben ein ständiger Zyklus von Tod und Wiedergeburt ist und dass wir in jedem Moment die Möglichkeit haben, uns neu zu erfinden und zu erneuern. Letztendlich lehrt uns die Göttin Inanna die Tiefe der menschlichen Erfahrung und die universelle Suche nach Bedeutung und Erfüllung. Wenn wir lernen, mit den Augen der Liebe und des Todes auf unsere Geschichte zu blicken, dann steckt hinter jeder schmerzhaften Erfahrung auch das Potenzial der Heilung. Heilung und Versehrtheit schließen sich nicht aus, das sollten wir niemals vergessen.

## ALTAR ZU EHREN DER GÖTTIN INANNA

Beim Schmücken des Inanna-Altars können wir uns vom Zauber des Orients inspirieren lassen: warme Farben, Tücher mit Orient-Mandalas. Ein Symbol des Mondes oder ein Stern sollten das Zentrum bilden. Für die Fruchtbarkeit kannst du Getreidekörner oder Dattelkerne auf deinen Altar legen. Heilsteine wie Lapislazuli und Mondstein verkörpern Inannas Anmut und Heilkraft. Als Symbol für die Unterwelt könnte eine Wurzel stehen. Wenn du magst, könnten auch Tiersymbole wie Löwe, Eule oder Schlange als Zeichen von Inannas Macht aufgestellt werden. Eine selbst gemachte Krone, schöner Schmuck oder einfache Zeichnungen von Augen können auf den Altar gelegt werden.

Als Räucherwerk eignen sich gut Myrteblätter und Zedernholzspäne. Die Myrte ist leicht reinigend, hilft beim Loslassen (Auflösung) und stärkt unsere Entschlossenheit. Sie wirkt auch klärend und beruhigend auf unser Gemüt. Der Duft von Zedernholz wirkt entspannend und stärkend zugleich und steigert unser Wohlbefinden.

## MOMENTUM: DER OPTIMALE ZEITPUNKT FÜR DIESES MAGISCHE RITUAL

Der Inanna-Mythos ist so reich an Erzählungen (auf die ich leider wegen ihrer Fülle nicht eingehen kann). Aus diesem Grund gibt es jede Menge heilsamer Momente im Jahr, an denen die Göttin Inanna geehrt werden kann. Ich möchte hier nur die wichtigsten nennen:

Wir können uns immer zu den drei Hauptmondzyklen (Neumond, Halbmond und Vollmond) an die Göttin wenden. Ich persönlich verbinde mich gerne mit der Mondgöttin, wenn sie auch tagsüber am blauen Himmel zu sehen ist.

Die Frühlings- oder die Herbsttagundnachtgleiche eignen sich ebenfalls besonders gut, um in Verbindung mit der Energie von Inanna zu gehen. Der Naturkreislauf von Werden und Vergehen zeigt sich dann in unseren Breitengraden:

Tag und Nacht sind komplett gleich, Yin und Yang, was für Leben und Tod/Frühling und Winter steht. Mit dem Frühling beginnt das Leben, und mit dem Herbst geht die Energie wieder zurück und stirbt.

Während der Zeit des »Wachstums« feierten die Sumerer die »Heilige Hochzeit« von Inanna und Dumuzi. In Mesopotamien war dies der Herbst, wenn der erste Regen nach dem langen Sommer fiel. Dann kehrte Dumuzi aus der Unterwelt zurück und konnte die Göttin Inanna erneut befruchten. Darum ist insbesondere der Herbst eine gute Jahreszeit, um das Ritual zu vollziehen.

## PFLANZLICHE VERBÜNDETE DER GÖTTIN: DATTELPALME

Dattelpalmen sind untrennbar mit dem orientalischen Raum verbunden. Historische Texte und archäologische Funde belegen, dass Datteln schon im Alten Ägypten und in Mesopotamien nicht nur als Nahrung, sondern auch als Zahlungsmittel und Tauschware genutzt wurden.

Auf den Tontafeln des Inanna-Mythos wird die Göttin mit Datteln abgebildet. Die Dattelpalme ist ein Zeichen der Fruchtbarkeit und des Wohlstands, sodass in der Mythologie Inanna darum oft als eine Göttin der Fruchtbarkeit und des Wohlstands verehrt wird.

In vielen arabischen Ländern wird die Dattel aufgrund ihres Nährwerts und ihres hohen Zuckergehalts als »Brot der Wüste« oder »Gold der Wüste« bezeichnet.

Die Echte Dattelpalme ist weit mehr als nur der Ursprung dieser kostbaren Frucht. Sie ist ein Symbol für Ausdauer, Lebenskraft und Anpassungsfähigkeit, Eigenschaften, die auch mit der Göttin Inanna in Verbindung gebracht werden.

Selbst unter den härtesten Klimabedingungen wächst und gedeiht die Pflanze, sie benötigt nur sehr wenig Wasser und liefert dennoch köstliche Früchte.

Die Dattelpalme war auch Schattenspenderin und darum oft der Mittelpunkt sozialer Zusammenkünfte in Oasen. Die langen, federartigen Blätter der Dattelpalme bieten nicht nur Schutz vor intensiver Sonne, sondern erinnern auch an die Flügel der Göttin Inanna, die Schutz und Geborgenheit symbolisieren.

Reich an Vitaminen und Mineralien bildet die Dattel eine unverzichtbare Nahrungsquelle nicht nur in den Wüstenregionen. Neben den süßen Früchten liefert die Dattelpalme auch Materialien wie Blattstiele und Wedel, die in verschiedenen Kulturen zum Bau von Unterkünften, Werkzeugen und anderen Gegenständen verwendet wurden.

## INANNA-RITUAL: AUGEN DER LIEBE

**Dauer:** maximal 2 Stunden
**Ort**: in einem geschützten Raum
**Utensilien:** Myrteblätter zum Räuchern, Räucherschale und Fächer
**Intention: Loslassen, Akzeptanz und Würdigung**

Jede von uns ist schon mit dem »Augen des Todes« von Ereshkigal konfrontiert worden. Verletzungen, Abschiede und leidvolle Erfahrungen gehören zum Leben dazu. Einige schamanische Traditionen gehen sogar so weit, zu sagen, dass nur durch eine Erfahrung der Verletzlichkeit der Mensch befähigt wird zu heilen. Die Aborigines im australischen Outback tragen ihre Narben beispielsweise als Schmuck, denn jede Narbe erzählt eine Geschichte von Verletzung

und Heilung und wird somit voller Stolz getragen. Solch ein Blickwinkel auf unsere eigene Geschichte ist heilsam und hilft, versöhnlich mit ihr umzugehen, wir schauen dann mit den Augen der Liebe auf uns.
Bevor wir jedoch uns selbst liebevoll betrachten können, sollten wir uns vergegenwärtigen, dass jede negative Erfahrung auf seelischer und energetischer Ebene Spuren in unserer Körperlandschaft hinterlassen hat.
Inanna geht durch sieben Tore, bis sie nackt in der Unterwelt ankommt. Diese sieben Tore entsprechen unseren sieben Energiezentren am Körper, den Chakren. Jedes Chakra hat eine Funktion und Einfluss auf unser physisches, emotionales, mentales und spirituelles Wohlbefinden.

Dieses Ritual hat jeweils zwei Schritte.

**Erster Schritt: Loslassen**
Mit dem ersten Schritt trennst du alle energetischen Verbindungen durch das Chakra, das ist eine sehr kraftvolle Form von Reinigung und Loslassen! Dieser Schritt bietet sich immer an, wenn du dich von negativen Energien befreien und reinigen willst.
Dafür brauchst du Räucherwerk, zum Beispiel die Myrte oder Zedernholz.

**Zweiter Schritt: Würdigung**
Mit dem zweiten Schritt schaust du mit den Augen der Liebe auf jedes deiner Chakren, würdigst deinen Mut und ehrst die Erfahrung. Dazu legst du innerlich das Symbol des Vollmondes auf das Chakra. Das bedeutet auf der energetischen Ebene, dass der Erfahrungskreislauf zu diesem Thema nun »rund« und abgeschlossen ist. Du dankst der Erfahrung und akzeptierst das Geschehene.

Bevor du mit dem Ritual beginnst, suche dir nur *eine* negative Erfahrung deines Lebens aus, bei der Ereshkigal dich mit den »Augen des Todes« getroffen hat. Für diese leidvolle Erfahrung bittest du um Heilung und Transformation.

Ziehe einen Schutzkreis und bitte die Göttin Inanna um ihre Anwesenheit bei diesem Ritual:

*»Mondgöttin Inanna, ich rufe dich, du strahlende Herrin des Himmels und der Erde, du, die du mit deinem Licht die Dunkelheit durchdringst, höre meine Stimme und begleite mich durch dieses Ritual. Segne mich mit deiner unendlichen Liebe und deiner unerschütterlichen Stärke, reinige mich von allen negativen Erfahrungen.«*

Spüre ihre Präsenz. Fühle ihre Kraft und ihren Mut. Sie strahlt mit der Kraft des Mondes auf dich, und du bist geschützt.

Beginne die Reise durch jedes einzelne Chakra und zünde das Räucherwerk an:
**1. Wurzelchakra** (Muladhara): Es befindet sich am unteren Ende der Wirbelsäule und ist mit Überleben, Sicherheit und Erdung verbunden. Spüre hinein in die Themen in diesem Energiezentrum. Welche Auswirkungen hat deine leidvolle Erfahrung in diesem Bereich auf dich gehabt? Lasse dir Zeit für diese Reflexion.
Wenn du das verinnerlicht hast, dann mache den ersten Schritt: Reinige dich mit dem Rauchwerk in diesem Bereich, indem du den Rauch sanft in dieses Chakra hineinfächerst. Du wirst fühlen, wenn es »rund« ist.
Im zweiten Schritt bedankst du dich bei der Mondgöttin für diese Erfahrung und legst innerlich das Symbol des Vollmondes auf dieses Chakra. Das Mondlicht strahlt auf das

Chakra, seine sanften Strahlen durchdringen und erleuchten es, und es fühlt sich an, als ob die Energie des Mondes direkt in das Chakra fließt, es mit einem göttlichen Glanz erfüllt und mit neuer Kraft und Vitalität auflädt. Der Erfahrungskreislauf für dieses Chara ist nun abgeschlossen. Du konzentrierst dich auf dein zweites Energiezentrum.

**2. Sakralchakra** (Swadhisthana): Es befindet sich im unteren Bauchbereich und ist mit Kreativität, Sexualität und Lebenskraft verbunden. Spüre hinein in die Themen in diesem Energiezentrum. Was hat deine leidvolle Erfahrung für Auswirkungen in diesem Bereich gehabt? Wenn du das verinnerlicht hast, dann mache den ersten Schritt: Reinige dich mit dem Rauchwerk in diesem Bereich, indem du mit dem Rauch sanft hineinfächerst. Du wirst fühlen, wenn es rund ist.

Im zweiten Schritt bedankst du dich bei der Mondgöttin für diese Erfahrung und legst innerlich das Symbol des Vollmondes auf dieses Chakra. Das Mondlicht strahlt auf das Chakra, seine sanften Strahlen durchdringen und erleuchten es, und es fühlt sich an, als ob die Energie des Mondes direkt in das Chakra fließt, es mit einem göttlichen Glanz erfüllt und es mit neuer Kraft und Vitalität auflädt. Der Erfahrungskreislauf für dieses Chakra ist nun abgeschlossen. Du konzentrierst dich auf dein drittes Energiezentrum.

**3. Solarplexuschakra** (Manipura): Es befindet sich im oberen Bauchbereich und ist mit deinen Emotionen, deinem Selbstwertgefühl und Selbstvertrauen verbunden. Spüre hinein in die Themen in diesem Energiezentrum. Und fahre fort wie bei den ersten beiden Chakren.

**4. Herzchakra** (Anahata): Es befindet sich in der Mitte der Brust und ist mit Liebe, Mitgefühl und Beziehungen verbunden.

Spüre hinein in die Themen in diesem Energiezentrum. Und fahre fort wie bei den ersten drei Chakren.

**5. Halschakra** (Vishuddha): Es befindet sich im Halsbereich und ist mit Kommunikation, Ausdruck und Wahrheit verbunden. Spüre hinein in die Themen in diesem Energiezentrum. Und fahre fort wie bei den ersten vier Chakren.

**6. Stirnchakra** (Ajna): Auch bekannt als das dritte Auge. Es befindet sich zwischen den Augenbrauen und ist mit Intuition, Erkenntnis und Vorstellungskraft verbunden. Spüre hinein in die Themen in diesem Energiezentrum. Und fahre fort wie bei den ersten fünf Chakren.

**7. Kronenchakra** (Sahasrara): Es befindet sich am Scheitel des Kopfes und ist mit Spiritualität, Erleuchtung und dem Verständnis der höheren Dimensionen verbunden. Spüre hinein in die Themen in diesem Energiezentrum. Und fahre fort wie bei den ersten sechs Chakren.

Löse zum Abschluss den Schutzkreis und bedanke dich bei der Mondgöttin und dir selbst. Lasse dir Zeit zum Nachspüren.

## INANNA-MEDITATION: MONDZYKLEN

**Dauer:** mindestens 20 Minuten
**Unterstützend:** Musik zum Einschlafen mit sanften Meeres- oder Naturgeräuschen (in die Suchmaschine Stichwort »Mond-Musik« eingeben)
**Ort:** ein geschützter Raum oder bei klarem Sternenhimmel auch gerne draußen
**Wirkung: Meditation, um den Lebenskreis zu fühlen**

Um in Kontakt mit den natürlichen Rhythmen des Universums und des Lebens zu kommen, eignet sich diese Inanna-Mondmeditation sehr gut. Die Ausrichtung auf die Mondphasen kann helfen, die energetischen Schwankungen im eigenen Leben zu erkennen und auszugleichen, indem man sich bewusst mit den natürlichen Rhythmen des Mondes verbindet. Diese Meditation kann sowohl im Liegen als auch im Sitzen durchgeführt werden.

**Vorbereitung**

Setze oder lege dich in eine bequeme Position. Schließe sanft die Augen. Atme tief ein und aus, um dich zu zentrieren und zu erden. Stelle dir Inanna als »Mondin« vor deinem inneren Auge vor und spüre ihre Präsenz am Himmel. Visualisiere, wie ihr Licht auf dich herabstrahlt und dich umhüllt.

**Verbindung mit den Mondphasen**

Nimm dir Zeit, um dich mit den verschiedenen Mondphasen zu verbinden, beginnend mit dem zunehmenden Mond bis hin zum Vollmond und abnehmenden Mond und wieder zurück, wenn du magst.

**Reflexion und Intention**

Während du durch die Mondzyklen gehst, reflektiere über die Bedeutung jeder Phase in deinem Leben und lasse die inneren Bilder in dir wirken.

**Erster Zyklus: Meditation bei zunehmendem Mond - weiße Kraft der Göttin (Wachstum)**

Visualisiere die zunehmende, nach rechts gewölbte Mondsichel. Sie trägt die Energie des Anfangs, des Wachstums und der Entfaltung in sich. Wild und ungezähmt, wie Ideen und Pläne, bevor sie von der Realität gebremst werden. Sie ist die leere Leinwand, das unberührte Feld. Spüre die verborgenen Möglichkeiten und deine schlummernden Talente, deine Kraft zu beginnen und zu wachsen, dich zu erneuern und zu gedeihen. Was darf wieder ins Leben kommen, wenn du die freie Wahl der Entfaltung in dir trägst? Lasse deine inneren Bilder und diese Mondinnenkraft auf dich wirken.

**Zweiter Zyklus: Meditation zum Vollmond - rote Kraft der Göttin (Fruchtbarkeit)**

Visualisiere den vollen, runden Mond. In dir ist die mütterliche Kraft der Erfüllung, die das vollendet, was im Neumond begonnen hat. Deine Arme sind offen, deine Brüste sind voll, in deinem Schoß keimt das Leben. Spüre deine eigene Kraft des Gebens, die Möglichkeit, dein Herz zu öffnen. In dir lebt die sexuelle Frau, spüre deine Lust auf das Leben. Was möchtest du befruchten in deinem Leben?

**Dritter Zyklus: Meditation zum abnehmenden Mond - schwarze Kraft der Göttin (Vergehen, Auflösung)**

Visualisiere den schwarzen Himmel mit der nach rechts geöffneten Mondsichel. Zeit des Rückzugs. In dir lebt auch die Kraft des Vergehens, des Todes. Alles muss enden, damit Neues entstehen kann. Das gesäte Korn muss geschnitten werden. Das Leben führt zum Tod, der wiederum zu neuem Leben führt. In diesem Wissen liegt die Weisheit. Du bist die unendliche alte weise Frau. Spüre dein spirituelles Alter, wie die Weisheit des Werdens und Vergehens, die in jeder Zelle deines Körpers gespeichert ist. Fühle die dunkle Kraft in deinen eigenen vielen Toden, die du schon vollzogen hast, umgeben von Schwarz, unter dem abnehmenden Mond. Welchen Erfahrungsschatz hast du mitgenommen?
Erkenne an, dass diese Erfahrungen dazugehören! Was kannst du gut hinter dir lassen? Bitte die Mondgöttin, sich dessen anzunehmen. Lasse los, reinige dich im Sternenlicht und fühle nach.

Und dann beginnt der Zyklus von Neuem, du erwachst!

**Abschluss und Dank**

Beende die Meditation, indem du der Mondgöttin für ihre Führung und Unterstützung dankst. Fühle Dankbarkeit für die Einsichten, die du während der Meditation erhalten hast.

# DER RAT DER GÖTTINNEN

Zum Abschluss des Buches wollen uns die Göttinnen noch etwas mitgeben.

Im großen Wandel unserer Zeit ruft Gaia ihre Schwestern zur Versammlung auf. Gaia spürt, dass die Zeit gekommen ist für einen Rat der Göttinnen, da das Handeln der Menschen nun Auswirkungen auf den gesamten Kosmos hat. Sie bittet um die Weisheit ihrer göttlichen Schwestern. Unter dem glühenden Sternenhimmel versammeln sich die Göttinnen aus allen Ecken des Universums.

Gaia spricht: Liebe Göttinnen, ich stehe vor euch, weil die Menschenkinder noch immer nicht begriffen haben, dass ich ihr Bewusstsein bin. Sie zerstückeln mich, missachten all meine Gesetze und streben an, unsterblich zu werden. All meine Versuche, sie mit meiner Fülle und Schönheit zu beschenken, nutzen sie gegen mich. Sie wollen immer mehr von mir! Sie denken, ich bin nur die Erde unter ihren Füßen, unbelebte Masse, sie haben jede Dimension für meine Weite verloren. Dabei bin ich auch der Fels, der Baum und der Vogel, der über ihnen fliegt. Als Urmuttergöttin bin ich liebende Natur, ich muss für das Gleichgewicht aller Wesen in allen Dimensionen sorgen. Schwestern, ich benötige eure Weisheit. Wie können wir die Menschenkinder daran erinnern, dass Habgier nur zum Tod führt? Die Angst ist in ihre Herzen eingedrungen und macht sie immer enger. Welchen Rat können wir ihnen noch geben?

Die Göttinnen beraten sich lange und teils mit hitzigen Diskussionen, und dennoch sprechen sie am Ende mit sanften Worten der Einigkeit.

Der Rat, den sie den Menschenkindern geben, ist folgender:

**So spricht Tiamat:** *Alles ist Wandel. Einst, als wir die Welt erschufen, war das Wasser die treibende Kraft. So wird auch dieser Wandel die Kraft des Wassers brauchen. Nur so lernen die Menschen, dass in jedem Chaos eine höhere Ordnung herrscht.*
*Lernt vom Wasser. Der Wandel wird kommen, also müsst ihr lernen, flexibel zu sein. So wie Nomanden einst durch die endlosen Weiten des Landes gingen, lernt überall eure Heimstatt aufzuschlagen. Alte Traditionen verändern sich, und neue Möglichkeiten tauchen auf. Lernt, im Strom des Chaos zu schwimmen und die Wellen der Veränderung mit offenen Armen zu empfangen.*

**So spricht Kali:** *Fürchtet euch nicht vor dem Zerbrechen eurer alten Gewohnheiten, denn in den Trümmern liegt die Saat neuer Möglichkeiten verborgen. Der Geruch eurer Angst ruft weitere Dämonen hervor. Lernt eure inneren Abgründe zu erkunden und die dunklen Seiten eures Selbst zu umarmen. Jeder Mensch ist an der Zerstörung beteiligt, nehmt diese Bürde an! Lernt von den Schatten und den Dämonen, die in euch lauern, und strebt danach, eure Ängste und Zweifel zu überwinden. Hört einander zu, alle Menschen haben dieselben Ängste und Bedürfnisse.*

**So spricht Hera:** *Männer und Frauen versöhnt euch! Denn nur mit eurer gemeinsamen Kraft wird die Erde wieder fruchtbar. Rettet die Zärtlichkeit! Küsst euch unterm Sternenhimmel,* *liebt euch auf der Erde. Gebt der Trauer über eure gegenseitigen Verletzungen Raum, ohne euch erneut anzugreifen. Dieser Wandel kann nur mit der Kraft der Gemeinschaft vollzogen werden. Darum stärkt die Bindungen untereinander.*

**So spricht Artemis:** *Alles ist miteinander verbunden. Lernt von den Tieren und den Pflanzen, die im Einklang mit den Zyklen der Natur leben. Die Natur ist Vielfalt. Auch ihr Menschen seid vielfältig und unterschiedlich, betrachtet diese Fülle als Bereicherung. Seid stark und unabhängig wie die Bären, mutig und beharrlich wie die Wölfe und haltet euer Herz rein wie die klaren Bäche, die über die Felsen plätschern. In der Stille der Natur werdet ihr die Antworten auf eure Fragen finden und die Kraft, den Wandel mit Entschlossenheit zu durchqueren.*

**So spricht Athene:** *Es braucht die Notwendigkeit, Weisheit und Bildung zu fördern, damit die Menschen die Veränderungen besser verstehen und sich ihnen anpassen können. Denkt selbst, schärft euren Geist, strebt danach, euer Wissen und eure Weisheit zu erweitern. Lernt von den weisen Frauen und Männern eurer Länder, die vor euch kamen. Seid klug und einfallsreich wie die Eule, die in der Dunkelheit sieht, und mutig und entschlossen wie der Krieger, der für das Gute kämpft.*

**So spricht Hestia:** *Lernt von den einfachen Freuden des gemeinsamen Mahls und der geteilten Geborgenheit und erinnert euch an die Bedeutung von Freundschaft, Familie und Gemeinschaft. Macht aus euren Häusern keine Festungen, heißt die Fremden willkommen. Seid warmherzig und großzügig wie die Flamme, die in eurem Herd brennt, und* *achtsam und fürsorglich wie die Mutter, die über ihre Kinder wacht. Handelt aus Mitgefühl. In den Tiefen eures Zuhauses werdet ihr die Liebe und die Geborgenheit finden, die euch Kraft und Trost spendet.*

**So spricht Brigid:** *Verliert niemals die Hoffnung, egal, wie düster es wird. Immer wenn Gefahr droht, wächst auch mein Licht. Seid kreativ und strebt danach, eure Talente und Fähigkeiten* für *das Leben einzusetzen und nicht* gegen *das Leben. Wie die Träumer, die die Grenzen des Möglichen überschreiten, entwickelt eine Vision einer friedvollen Erde. Haltet an dieser Vision fest. In den Tiefen eurer Seele werdet ihr die Inspiration und die Kraft finden, lasst euch nichts anderes erzählen.*

**So spricht Aphrodite:** *Gaias Schmerz tut auch euch weh, er ist der Schmerz eurer Weltenseele! Jeder Wandel kostet Kraft. Mit dieser Anstrengung kann das Gefühl einhergehen, dass ihr die anderen Menschen nicht mehr liebt, und die Melancholie über den Sinn eurer Spezies lässt euch weiter erkalten. Jede Apathie verhindert, dass das Leben sich entfalten darf. Darum haltet eure Herzen offen. Lernt von den Liebenden und Dichtern, die vor euch kamen, und strebt danach, die Welt mit eurem Mitgefühl und eurer Zärtlichkeit zu erfüllen. Seid liebevoll und mitfühlend wie die sanften Wellen des Meeres, schön und anmutig wie eine erblühende Rose. In den Tiefen eurer Liebe werdet ihr die Kraft und die Heilung finden, um Gaia zu helfen.*

**So spricht Holle:** *Jeder von euch ist eingebettet in das Netz des Lebens. Niemand fällt aus diesem Netz. Es gibt eine sichtbare und eine unsichtbare Welt. Wir Götter spiegeln nur wider, was ihr euch erschafft und erdenkt. Drum spinnt weise!*

*Euer Schicksal liegt in euren Händen und ist nicht festgeschrieben. Heilung ist immer möglich. Seid stark und unbeugsam wie die Wurzeln der alten Bäume und ehrt eure Ahnen. Im Netz des Lebens werdet ihr euren Platz finden und mit ihm den Halt, den ihr sucht.*

**So spricht Freyja:** *Vertraut auf eure inneren Fähigkeiten und folgt eurem Herzen. Befreit euch von euren Grenzen, fliegt wie ein Falke zu eurer eigenen Göttlichkeit. Dort werdet ihr die Stärke und die Klarheit finden, um den Wandel mit Anmut und Entschlossenheit zu meistern. Der große Wandel ist die Chance zur Entfaltung eurer wahren Größe! Ihr seid dafür vorbereitet.*

**So spricht Inanna:** *Seid wie die Sterne am nächtlichen Himmel, die trotz der Dunkelheit leuchten und den Weg weisen. Öffnet eure Herzen für die Schönheit eurer Mitwelt und die Geheimnisse des Universums! Ehrt die Mütter eurer Länder. Erlaubt es euch, trotz finsterer Ahnungen das Leben zu feiern. Richtet Feste aus und tanzt.*

**So spricht Gaia:** *Meine Gesetze wirken überall. Ihr Menschen seid nur eine von meinen vielen Lebensformen. Seid achtsam und respektvoll wie die Bäume, die tief in der Erde wurzeln, und dankbar und großzügig wie die Sonne, die euch mit ihrem Licht und ihrer Wärme beschenkt. Dankbarkeit ist der Schlüssel zur Wandlung!*

Am Ende des Rats sprechen die Göttinnen einstimmig ihre Unterstützung für Gaia und die Menschen aus:

*Zwischen Diesseits und Jenseits ist nur das* **Jetzt**. *Ihr könnt euch immer an uns wenden.*

Liebe Frauen, möget ihr niemals vergessen, dass ihr göttlicher Natur seid! Ich wünsche euch viel Freude bei den Ritualen und den Meditationen.

Möge Heilung geschehen mit allem, was war, ist und sein wird.

Alles Liebe – Liebe alles
Eure Tala

# DANK

Danke an all die Göttinnen und Götter in allen Himmelsrichtungen und Dimensionen, an alle Geschichtenwerberinnen, Nornen, Nixen und Wicca-Schwestern.

Ich danke der großen Erdmutter für ihre Güte und Gaben – du bist mein Guru! Ich danke der Weisheit, den vier Elementen und dem Flüstern der Himmelsrichtungen. Sonne und Mond, ich tanze mit euch!

Drei Musen haben mich in diesem Buch besonders begleitet, ihnen gebührt mein besonderer Dank. Meiner besten Freundin Steffi Habersatt: Du bist mir immer Kompass, danke für den kostbaren roten Faden im Buch. Tanja Mihailovic, danke für dein Drachenherz und deine Eulenohren. Birgitt Schnorrenberg, danke, dass du dieses Buch mit deiner Weisheit inspiriert hast.

Darüber hinaus gilt mein Dank diesen Weggefährtinnen, Heilerinnen, Lehrerinnen und Familie: Doris Löwisch, Zuzana Šebková-Thaller, Luna Andrea Gentner, Silvia Gosch, Sandra Differt, Tanja Holst, Irma Kaiser, Gabi Rutkowski, Hanna Lipp, Inci Orhun, Prisca Geißler, Silvia Witt, Kerstin Winterfeld, Annette Niemeyer, Maike Wrede, Juliane Stoltenberg, Sylke Rauße, Philine Jaffke, Felix Eckardt und Baltasar Balz. Mein Dank geht auch an meine geliebte Mutter und meine Schwesterherzen Kaabeh Mohajeri und Shila Vafai. Meine Fellnasenfamilie Thelma, Jupiter und Orion.

Dieses Buch wäre nicht ohne die tatkräftige Unterstützung meiner Agenten und Freunde Peter Käfferlein, Olaf Köhne und Achim Pauly zustande gekommen. Ihr seid einfach die Besten!

Dann gilt mein Dank dem Verlag Droemer Knaur für das

Vertrauen, den Göttinnen eine Stimme zu geben. Danke an Jennifer Grünwald für Kreativität und großartige Zusammenarbeit und meiner Lektorin Nina Schnackenbeck.

Zu guter Letzt: Danke meinem wandernden Erdlexikon, Christian Klepp, Gaia hat sich selbst mit dir beschenkt!

# WEITERFÜHRENDE LITERATUR ZU DEN THEMEN GÖTTINNEN, MYTHOLOGIE UND HEXENWISSEN

Appel, Jennie und Grosser, Dirk: *Urkraft des Nordens. Mit Ahnenwissen, Schamanengottheiten und weisen Seherinnen zu den Wurzeln unserer Spiritualität,* Aurum 2021.

Cunningham, Scott: *Wicca-Praxis. Handbuch für Fortgeschrittene,* Nikol 2023.

Cunningham, Scott: *Wicca. Einführung in die Spiritualität und Praxis der Neuen Hexenkunst,* Nikol 2020.

Dahn, Felix und Dahn, Therese: *Germanische Götter und Heldensagen,* Nikol 2021.

Monaghan, Patricia: *Lexikon der Göttinnen,* O.W. Barth 1999.

Segal, Robert A.: *Mythologie in 30 Sekunden. Die 50 wichtigsten antiken Mythen, Götter, Helden und Ungeheuer,* Libero 2015.

Starhawk: *Mit Hexenmacht die Welt verändern,* Hermann Bauer KG 1987 (Antiquariat).

Tetzner, Reiner und Wittmeyer, Uwe: *Griechische Götter- und Heldensagen,* Reclam 2019.

Zingsem, Vera: *Göttinnen großer Kulturen. Mit zahlreichen Abbildungen und Originalquellen aus 4000 Jahren,* Anaconda 2010.

*Internetquellen:*

Auf den Spuren der Göttinnen in Deutschland:
http://www.godeweg.de/

Beste Göttinnen-Seite im Internet: https://artedea.net/

# DIE MEDITATIONEN ZUM ANHÖREN

https://www.talamohajeri.com/goettinnen-meditationen/

Hier kannst du die Meditationen zu den einzelnen Göttinnen anhören, eingesprochen von mir selbst.

Melissa Kirchgässner

# DIE HEXENWUNDE

**Heile deine Ahnenlinie und komme wieder in dein volles Potenzial**

Die Hexenwunde ist ein kollektives Trauma, entstanden durch die Hexenverfolgungen. Die dadurch erzeugte Angst wurde über Generationen weitergegeben, sodass sie uns noch heute hemmt und blockiert.

Die erfahrene Hexe Melissa Kirchgässner ist Expertin auf diesem Gebiet. Sie erläutert die historischen Hintergründe und zeigt dir auf behutsame Weise, wie Journaling, Meditationen, Rituale und Ahnenarbeit helfen, die Hexenwunde zu heilen, damit du dein ganzes Potenzial leben kannst.

**KNAUR**.LEBEN

Janina Gruber

# NUMEROLOGIE

## Wie du durch die Magie deiner Geburtszahlen dein wahres Potenzial lebst

**Was die Zahlen über uns verraten**

Was lässt mein Geburtsdatum über mein wahres Potenzial erkennen? Wie kann ich damit innere Blockaden in Chancen verwandeln?

Die Lehre der Numerologie ist das jahrtausendealte Wissen um die Kraft der Zahlen. Janina Gruber, Expertin für Ganzheitliche Numerologie, erklärt nicht nur, was die Tages-, Monats- und Jahreszahlen unseres Geburtsdatums über uns aussagen, sondern erläutert auch, was jede Zahl verrät, die uns im Alltag begegnet. Im Workbook-Teil können wir unseren individuellen Zahlencode selbst entschlüsseln, um ganz bei uns selbst anzukommen.

**Inklusive großem Zahlenlexikon zum schnellen Nachschlagen**

KNAUR BALANCE